10代のための Social Fortune or Social Fate
ソーシャルシンキング・ライフ

場に合った行動の選択とその考え方

パメラ・クルーク／ミシェル・ガルシア・ウィナー 著
Pamela Crooke & Michelle Garcia Winner

黒田美保／稲田尚子 監訳
高岡佑壮 訳

金子書房

★ソーシャルシンキングの本★

ソーシャルシンキング

社会性とコミュニケーションに問題を抱える人への
対人認知と視点どりの支援

ミシェル・ガルシア・ウィナー 著
稲田尚子／黒田美保 監訳
古賀祥子 訳

B5判・306頁　本体6,000円＋税

人との関わりに困難のある子ども・大人に
他者の視点と対人コミュニケーションの
プロセスを教える技法が詰まった、
ソーシャルシンキングの中核的なガイドブック！

ダウンロード資料つき

きみはソーシャル探偵！

子どもと学ぶソーシャルシンキング

ミシェル・ガルシア・ウィナー
パメラ・クルーク 著
ケリー・ノップ 絵
稲田尚子／三宅篤子 訳

A4変判・72頁・上製　本体3,000円＋税

「ソーシャル探偵」になって、まわりの人から
期待されている行動を推理してみよう！
親子でソーシャルシンキングが学べる
オールカラー絵本。特別支援教育の教材にも。

5歳〜小学生向け

★金子書房より好評発売中★

10代のためのソーシャルシンキング・ライフ
場に合った行動の選択とその考え方

2020年７月31日　初版第１刷発行　〔検印省略〕

著　者　パメラ・クルーク
　　　　ミシェル・ガルシア・ウィナー
監訳者　黒 田 美 保
　　　　稲 田 尚 子
訳　者　高 岡 佑 壮

発行者　金 子 紀 子
発行所　株式会社 金子書房
〒112-0012　東京都文京区大塚３－３－７
TEL 03(3941)0111(代)
FAX 03(3941)0163
https://www.kanekoshobo.co.jp
振替00180-9-103376

印刷・製本　藤原印刷株式会社

ISBN 978-4-7608-2677-3 C3037

著　者

パメラ・クルーク（Pamela Crooke, Ph.D.）：公認言語療法士
ミシェル・ガルシア・ウィナー（Michelle Garcia Winner, M.S.）：公認言語療法士
パメラとミシェルは米国カリフォルニア州サンノゼにある「ソーシャルシンキングセンター」で、言語療法士として、対人認知に困難を抱える子どもたちへの介入・支援を専門に行っている。1990年代半ばにミシェルが考案した「ソーシャルシンキング」の枠組みは、今日では理論、キーワード、カリキュラム、方略にわたり、対人認知の学習に困難を抱える人々の助けとなっている。パメラは、ソーシャルシンキングセンターの上級セラピストであり、ミシェルと共著で、『きみはソーシャル探偵！』（金子書房）など、ソーシャルシンキングの本を執筆している。

漫　画

www.tiger-arts.com

監訳者

黒田美保（くろだ みほ）：帝京大学文学部心理学科教授／BRIDGE こころの発達研究所代表
臨床心理士・臨床発達心理士。医学博士・学術博士。東京大学大学院医学系研究科博士課程修了。東京都大田区公務員、よこはま発達クリニック勤務を経て、2005年～2006年ロータリー財団奨学金によりノースカロライナ大学医学部 TEACCH 部門に留学。帰国後、国立精神・神経医療研究センター研究員、淑徳大学准教授、福島大学特任教授、東京大学大学院客員教授、名古屋学芸大学ヒューマンケア学部教授を経て、現職。
ソーシャルシンキングの中核的なガイドブック『ソーシャルシンキング』（ミシェル・ガルシア・ウィナー著、金子書房）を監訳。自閉スペクトラム症のアセスメントとして世界的に評価の高い『ADOS-2 日本語版』『ADI-R 日本語版』『SCQ 日本語版』『CARS2 日本語版』（金子書房）、および適応行動尺度のグローバルスタンダードである『日本版 Vineland-II 適応行動尺度』（日本文化科学社）の監修・監訳に携わる。その他の主な著訳書に、『公認心理師のための発達障害入門』（金子書房）、『これからの発達障害のアセスメント』（編著、金子書房）、『公認心理師のための「発達障害」講義』（編著、北大路書房）、『公認心理師の技法ガイド』（編集、文光堂）など。

稲田尚子（いなだ なおこ）：帝京大学文学部心理学科講師
公認心理師・臨床心理士・認定行動分析士。心理学博士。東京女子大学文理学部心理学科卒業。九州大学人間環境学府人間共生システム専攻心理臨床学コース博士後期課程単位取得退学。国立精神・神経医療研究センター研究員、東京大学医学部附属病院こころの発達診療部、Southwest Autism Research & Resource Center 客員研究員、日本学術振興会／東京大学大学院教育学研究科特別研究員（RPD）を経て、現職。
前述の『ソーシャルシンキング』の監訳に加えて、ソーシャルシンキングの絵本『きみはソーシャル探偵！』（ミシェル・ガルシア・ウィナー＆パメラ・クルーク著、金子書房）を翻訳。『ADOS-2 日本語版』『ADI-R 日本語版』『SCQ 日本語版』『CARS2 日本語版』（金子書房）の監修・監訳に携わる。その他の主な著訳書に、『「どうしてそうなの？」と感じたときに読む本』（共監修、PHP 研究所）、『ADHD タイプの大人のための時間管理ワークブック』（共著、星和書店）、『自閉症スペクトラム障害の診断・評価必携マニュアル』（共訳、東京書籍）、『これからの発達障害のアセスメント』（分担執筆、金子書房）など。

訳　者

高岡佑壮（たかおか ゆうしょう）：東京認知行動療法センター／東京発達・家族相談センター心理士
公認心理師・臨床心理士。教育学博士。東京大学大学院教育学研究科臨床心理学コース博士課程修了。東京大学医学部附属病院こころの発達診療部、その他都内精神科等での勤務を経て、現職。

『10代のためのソーシャルシンキング・ライフ』の刊行によせて

今回、“*Social Fortune or Social Fate*”の翻訳書である『10代のためのソーシャルシンキング・ライフ』を、日本の皆様にご紹介できることを心より喜んでいます。この本は、すでに金子書房から刊行されている『ソーシャルシンキング』（原題“*Thinking About YOU Thinking About ME*”）の実践本といえます。また、同出版社から刊行している『きみはソーシャル探偵！』（原題“*You Are a Social Detective!*”）が小学生向けだとすると、この本は中高生向けの本といえます。漫画で構成されているので、楽しみながらソーシャルシンキング・スキルを身につけることができます。取り上げられている場面も、思わず「ある、ある！」と言いたくなる場面ばかりです。

さて、ソーシャルシンキングとは何かというと、他者の感情や考えを推察する力で、社会で生きていく上で欠くことのできない力といえます。この力は、学術的には「心の理論」といわれ、自閉スペクトラム症の子どもたちでは、その獲得が遅れるといわれます。しかしながら、こうした他者の内面を理解したり、その視点に立つということは、現在、多くの子どもたちも苦手とするように思われます。そして、「心の理論」の能力を身につける方法を体系的に示したのは、ソーシャルシンキングが初めてだと思います。その意味で、この本は、多くの思春期の子どもたち、保護者の方、教師の方に読んでいただきたいのです。この本が生まれたアメリカでは、多くの学校の通常学級にこの本や『きみはソーシャル探偵！』が置かれているのもうなずけます。原著者のお一人であるミシェル・ガルシア・ウィナー先生に初めてお会いしたのも、日本にあるアメリカンスクールの一般の保護者向けの講演のときでした。

原著者のパメラ・クルーク先生とウィナー先生は実践家であり、実際に多くの自閉スペクトラム症のお子さんのソーシャルシンキングの力を向上させておられます。お二人には、日本でお会いした後、カリフォルニアでの研修会に参加させていただくことで、何度かお目にかかりました。一度、ウィナー先生のご自宅のパーティーに呼んでいただき、その気さくな性格にとても惹かれました。そして、日本でぜひこの本を刊行したいとさらに強く思いました。

最後になりますが、フォーチュン（幸運）編とフェイト（不幸）編という形式とアメリカと異なる言語体系の中で、翻訳の困難が多く発生しましたが、私たちにいつも優しく伴走し、細かいところまできちんと見直しをしてくださる編集者の天満綾様のお陰で、なんとか完成することができました。心より感謝いたします。

監訳者・訳者を代表して
黒 田 美 保

CONTENTS

この本の使い方——最初に伝えておきたいこと

さっそく漫画のページから読み始めたいですよね。でも、その前に、いくつか大事なことを伝えさせてください。この本には様々な読み方があるので、最初にそれを全部お知らせします。この本には、漫画・対人行動マップ・隠れた文字・感情メーター、そのほか、あなたに見てほしいいろいろなものが登場します。この本をめいっぱい楽しむために、少し我慢して続きを読んでください。

あなたに知っておいてほしい大事なことは、この漫画形式の対人行動マップが、すべて「**選択**」に関するものだということです。私たちが普段の生活の中で、いったいどのくらいたくさんの選択をしているか、考えてみたことはありますか？　その数はとても数えきれるようなものではないですよね！　つまり、「朝の歯みがきにどのくらいの時間をかけるか」「この靴下のもう片方を探したほうがよいか」「弟に触らせないためにはゲームのコントローラーをどこに置いておけばよいか」といった、ちょっとした選択がたくさんあるのです。そして選択は、家の中だけ、あるいは、何らかの「物」に関してだけするとは限りません。私たちは一日中、「周りの人に何を言うか（あるいは言わないか）」「グループに入るべきかどうか」「いつ激しく怒り、いつ気持ちをクールダウンするか」などについて、選択を続けているのです。

「もう片方の靴下を探すかどうか」といった取るに足らない選択もありますが、かなり重要な選択もありますね。社会的状況での選択は特にそうです。それこそがこの本の内容なのです。つまり、「社会的状況での社会的選択」と、「それがなぜ重要なのか」についてまとめられているのです。けれども、まずは、この本でいう「社会的状況」が何を意味するかについて考えてみましょう。

避けては通れない……それは、どこにでもあるのだから

朝から晩までどんな場所にいても、場所ごとに異なる「何をすべきか」という決まり、あるいは「どんな言葉を言うべきか」という決まりがあると意識したことはありますか？　そして、「自分に何が求められているか」は、そのときに自分がいる場所や、そのとき周りにいる人々によって決まってきます。どんなときもあなたは、身の回りのものごとによって決まってくる様々な種類の社会的行動をするよう求められていて、そのようなものごとが「社会的状況」と呼ばれるのです。このことをもう少し詳しく説明するため、いくつかの例を挙げます。これらは単なる例に過ぎないので、実際にあなたがいる状況で求められていることとは少し違っているかもしれませんね。

社会的状況１：家で家族と夕食をとる

場所：家
時間：夜
そこにいる人：おそらくは家族全員
求められていること：家庭による。どの家庭にも食事の時間の「ルール」がある。
テーブルについて、フォークとスプーンで食事をとり、片づけは自分でする、などなど。家庭ごとに違いはあるので、そこで求められることは同じではない。

社会的状況２：学校で昼休みを過ごす

場所：学校
時間：日中
そこにいる人：学校の生徒
求められていること：校庭に出ること、食べるものによって手を使うかフォークを使うか決めること、校内を歩くこと、本を読むこと、などなど。
学校や生徒の年齢によるが、どの学校にも、生徒が理解しなければならない「ルール」がある。

社会的状況 3 ：授業で質問をする

場所： 学校
時間： 教室にいる時間の大部分
そこにいる人： 学校の生徒と先生
求められていること： 授業によるが、多くの先生は「質問する前に手を挙げて、当てられるのを待つ」ということを求めている。

重要： どんな社会的状況でも、私たちはみんな、そこでのルールを理解・推測しなければならない！

ルールは隠れていることもあります！

どんな社会的状況でも、その時、その場所で **OK**（求められている）、あるいは **OK ではない**（求められていない）行動や発言というものがあります。実際私たちは、新しい社会的状況に入っていくときはいつも、その特定の場所でのルールを理解しようとしているのです。それは、一人の例外もなく私たちの誰もがしなければいけないことなのです！　ルールの中には、簡単に理解できるようなわかりやすいものもありますが、「はっきりと説明されないもの」または「隠れているもの」もあります。例をいくつか挙げましょう。

社会的状況：学校の廊下で、他の生徒たちの間を通り抜ける

明らかなルール： 廊下の床を這(は)ったり滑ったり転がったりすることなく、歩くことが求められる。
隠れたルール： 混雑した廊下で、生徒同士がついお互いにドンとぶつかってしまうこともある。生徒たちは、教室では良しとされないが廊下では認められていること（大声で話す、ふざけるなど）をするかもしれない、などなど。

　どの社会的状況にも、明らかなルールと隠れたルールがあり、それらのルールを理解するためにはその場でいろいろやってみること（試行錯誤のことですね！）が必要な場合があるのです。その状況での隠れたルールや、自分に求められていること／求められていないことをいったん理解すれば、そのときに何らかの選択をする段階に入ることになります。
　ルールを理解してから、何を言うか／するか、あるいは何を言わないか／しないかを選択する、というのが重要なポイントです。コツは「自分に求められている事柄を理解し、それから、その事柄を実行するために選択を下す」ということです！　次に、社会的状況で人々が選択を下す方法をいくつか見ていきましょう。どのタイプの選択の仕方が一番しっくりくるか、少し考えてみてください。意識しておいてほしいのは、周りに人がいる状況では必ず、「どのような選択を下すか」によって「その行動が周りにどう思われるか」が決まってくるということです。

1.　自動運転型

このタイプの人は、社会的状況を意識することを忘れていて、自分の頭を自動運転状態にしています。このような人は自分の選択についてあまり悩むようなことはなく、とにかく素早く、あるいは「自分の言動が周りにどう影響するか」を考えずに反応するのです。その素早い反応は、他人を傷つけたり、怒らせたり、困らせたりする原因となるので、本人が最終的にとても困惑したりいらだったりする場合が多くなります。あとで、このタイプの例がいくつか登場します。

2.　紋切り型

周りの状況について少し考えるものの、選ぶ方法がいつも同じ、という人もいます。これは、「社会的状況について理解しようとしつつも、自分の選択が周りに与える影響については意識し忘れている（あるいは、意識していない）」というタイプの選択の仕方です。言い換えると、このような人は、自分の考えこそが自分に

とって最善のものである、または最もストレスの少ないものである、あるいはより心地よいものである、と思っているだけです。このタイプの例についても、本書の中でたくさん紹介します。

3. 運まかせ型

社会的選択をする際に自分では考えたがらず、その代わりに運に身を任せ、「どちらにしようかな、天の神様の言うとおり」と決めてしまう人もいます。この方法にはいくつかの問題があります。まず、「どちらに……」と呪文を唱えて選択を下そうとする様子が格好悪い、ということです。学校の廊下や家の中を歩きながら、いちいち呪文を唱えて、それに従って選択を下すわけですから。それに、この方法の成功率は50%しかなく、ベストな方法とはとてもいえません。この本に運まかせ型の例はないし、そういう人を実際に見たくもないですしね。

4. ソーシャルシンカー

このタイプの人は、自分が何をして何を言うべきかを判断するために、社会的状況について**考えて**理解を深めようとし、なおかつ「ストラテジー・コード」を使います（これについては後ほど詳しく説明します）。この本では、このタイプの思考の例をたくさん紹介します。社会的状況ですべきことを理解するためにソーシャルシンキングを活用する登場人物が出てきます。

この本では、３人の登場人物（ボブ、リン、サム）が、「自分たちは、『何をして、何を言うべきか（あるいは言うべきでないか）』について選択しなければならない社会的状況の中にいるのだ」と気づきます。彼らが自分に求められていることをした場合、「**ソーシャルフォーチュン**」（＝ハッピーエンド）への道を示すマップに沿って進んでいることになるのです。もし彼らが自分に求められていないことをした場合、マップが示すのは「**ソーシャルフェイト**」（＝バッドエンド）への道ということになります。まず、この「道」という言葉と、この特別な「マップ」が何を意味しているのかを説明していきます。

「マップ」と「道」

マップ（地図）がどんなものかは知っていますよね？　この本でいうところのマップはそれとは異なります。この本では、３人の登場人物が、マップを使って自分自身について理解していきます。私たちはそのマップを「対人行動マップ」と呼んでいます。このあと、さらに学んでいくことになりますが、ひとまずはこのマップを「２つの分かれ道から成るもの」と考えるのが最もわかりやすいでしょう。前に言ったとおり、もし何らかの社会的状況でその人が求められている選択をした場合は、「ソーシャルフォーチュン」への道をたどることになりますし、求められていない選択をした場合は、「ソーシャルフェイト」への道をたどることになります。素晴らしいことに、この本ではそれぞれの登場人物が選択をし、それによってどちらの道にも導かれていく様子を目の当たりにすることになります！　登場人物たちの選択に基づいて、彼らの周りで起こる事柄がどのように変化するのか見てみましょう。

ここで、マップがどのような役目を果たすものなのか、説明しますね。マップは必ず「社会的状況」とセットになる形で始まります。覚えておいてほしいのは、社会的状況とは周りに他人がいるあらゆる状況のことを指し、そこには「何を言うべきか／すべきか」についてのルールが存在するということです。

対人行動マップ

このマップは一本の線をたどっていくもので、いわゆる地図とは少し違います。左側のマスからスタートして、右側のマスへと１つずつ進んでいきます。このマップをどのように使うかによって、自分が「ソーシャルフォーチュン」への道をたどるか、「ソーシャルフェイト」への道をたどるかが決まっていきます。ページをめくって、マップの最初のマスを見てみましょう。

1. あなたが何をするかによって、他の人がどう感じるかが決まってくる

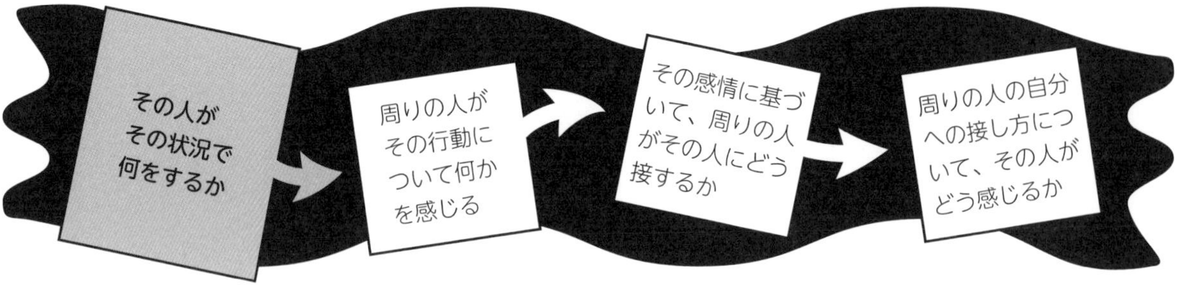

この道の最初のステップは、社会的状況で「**その人が何をするか**」だということがわかりますね。このステップで、この本の登場人物（あるいはあなた）は、どのような社会的行動をするか「**選択する**」ことになります。その選択は、自分の体を使った動作や、表情の動きや、口にする言葉／口にしない言葉として表れるのです。この最初のマスは、その人が（最初のマスで）したこと／言ったことに対する周りの人の考えや感情に直接つながっていく、ということが、そのあとの流れを見ればわかります。次に、それが具体的に何を意味するかを示した例をご紹介しますね。

2. 周りの人が、あなたのしたことについて何らかの感情を抱く

１つ例を挙げます。

社会的状況：もう寝る時間で、お母さんがボブに「テレビを消して」と言う

ボブがしたこと：「はい、お母さん」と言って、テレビを消した。

お母さんの考え　　お母さんの感情：穏やか

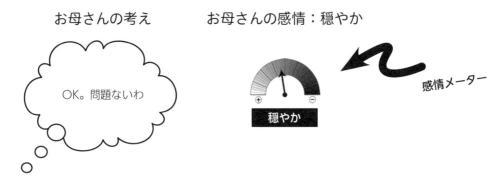

さて、ボブのお母さんが、自分の指示に対するボブの反応に対して何らかの考えを抱くことは明らかです。この場合、ボブのお母さんはボブの言葉と行動を良いもの、望ましいものと考えました。お母さんだけではなく私たちも同じように考えますよね。社会的状況で私たちが何かをしたり言ったりすると、周りの人はそれに対して

何らかの考えを抱きます。**そして**、その考えは感情とつながっているのです！　そういうわけで、お母さんの考えのすぐそばに感情のメーターが描かれているのです。

3. あなたの行動をどう感じるかで、周りの人のあなたに対する接し方が決まってくる

わかってきましたね。もう少し先のマスに進んでみましょう。社会的状況で、私たちの周りにいる人たちが抱く考えや感情は、「その人たちが私たちにどう接するか」にとても影響してきます。3つ目のマスを見てみましょう。

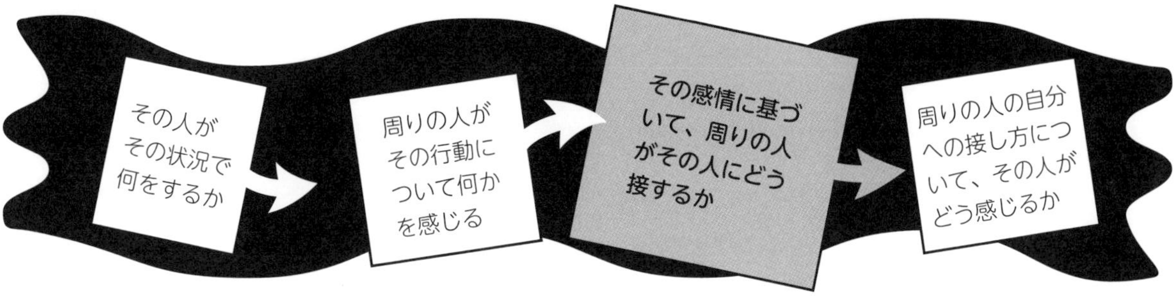

お母さんは穏やかな気持ちになりました（これはいつどんな状況でも、望ましいことです）。そして、穏やかな気持ちになったからこそ、お母さんの反応も穏やかなものになるのです。例えば、「テレビを消してくれてありがとう」と言ったりするかもしれないし、ボブに小言を言わずに部屋を出ていくかもしれません。「小言を言われない」というのは、彼にとって大変な成果です！

4. 周りの人のあなたに対する接し方によって、あなたが自分自身についてどう感じるかが決まってくる

このマップのゴールは、周りの人のボブへの接し方をボブがどう感じるか、です。これについては、この本の「感情メーター」のところで、より詳しく見ていきましょう。

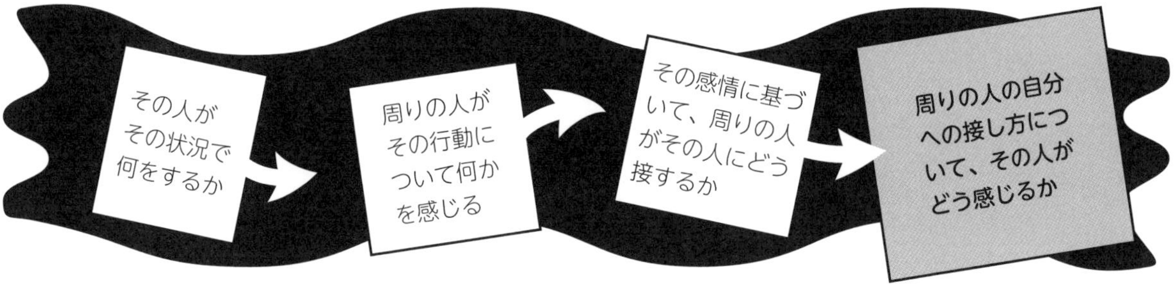

上の例では、ボブはお母さんの自分への接し方に対して、自然と「穏やかな」「リラックスした」気持ち、あるいは「幸福な」気持ちさえも感じています。

社会的状況：もう寝る時間で、お母さんがボブに「テレビを消して」と言う

ボブがしたこと：「はい、お母さん」と言って、テレビを消した。

お母さんの考え　　　お母さんの感情：穏やか

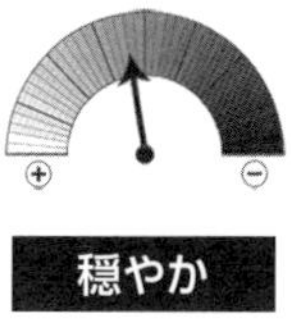

お母さんのボブへの接し方：今日はお小言がなかった！

小言を回避できて、ボブがどう感じたか

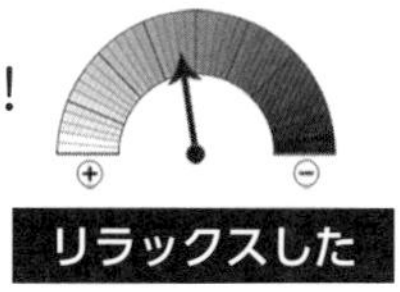

感情メーター

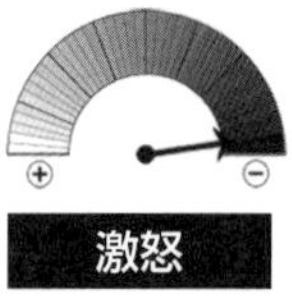

この本のあちこちに、感情メーターが登場します。リン、ボブ、サムの様々な選択は、周りにいる人たちに必ず何らかの気持ちや感情を抱かせることから、メーターがとても重要になってくるのです。矢印が左に振れているときは、その人が「良い」「素晴らしい」「誇らしい」、あるいは他のポジティブな感情を抱いていることを意味します。ここに描かれている例のように、矢印が中央にあるときは、その人は「平常心」「穏やか」「問題ない」といった感情を抱いています。矢印が右のほう、つまり、より黒いほうに振れているときは、その人は「怒り」「イライラ」「激怒」といったような、ネガティブな感情を抱いています。これは私たちにもあなたにも、全員に当てはまることですが、社会的状況で何かを言ったりしたりするときに、私たちは必ず周りの人に何らかの考えや感情を抱かせているのです。そういうわけで、マップの二番目のマスでは、誰かの行動に関する周りの人の考えや感情を示しています。

これが全部、あっという間に起きるということ !!!

マップを見てわかるように、すべては社会的状況で登場人物が行う選択から始まります。そしてここで、とても重要なことを伝えますね。現実の世界では、これはたった１～２秒のうちに進んでいくのです！

求められている行動／求められていない行動――対人行動マップの２つの面

さて、ここまででこのマップの主な内容について述べてきましたが、他のいろいろなマップと同じように、このマップに描かれた道はたったひとつだけというわけではありません。このマップには２つの道があります。ひとつは「**ソーシャルフォーチュン**」への道。先ほどの例でボブがたどった道です。この道で起こる出来事は、そこをたどった人が自分自身についてプラスの感情を抱くことにつながるような出来事です。たいていの場合はこの本の登場人物にとってとても嬉しい結果が生じるようになっています。ソーシャルフォーチュンへの道は、時として「**求められている**」道と呼ばれます。登場人物たちが、周りの人に「OK」「いいね」「すばらしい」と感じてもらうために、その社会的状況でやるべきことを理解し、時と状況に合っている行動をするからです！

もうひとつの道、つまり「**ソーシャルフェイト**」への道は、「**求められていない**」道とも呼ばれます。登場人物たちが、その社会的状況で選択した行動によって周りの人を困らせ、周りの人に「自分にとって嬉しくない接し方」をさせてしまうという、望ましくない結果になってしまうためです。

それぞれの道の例です。

社会的状況：もう寝る時間で、お母さんがボブに「テレビを消して」と言う

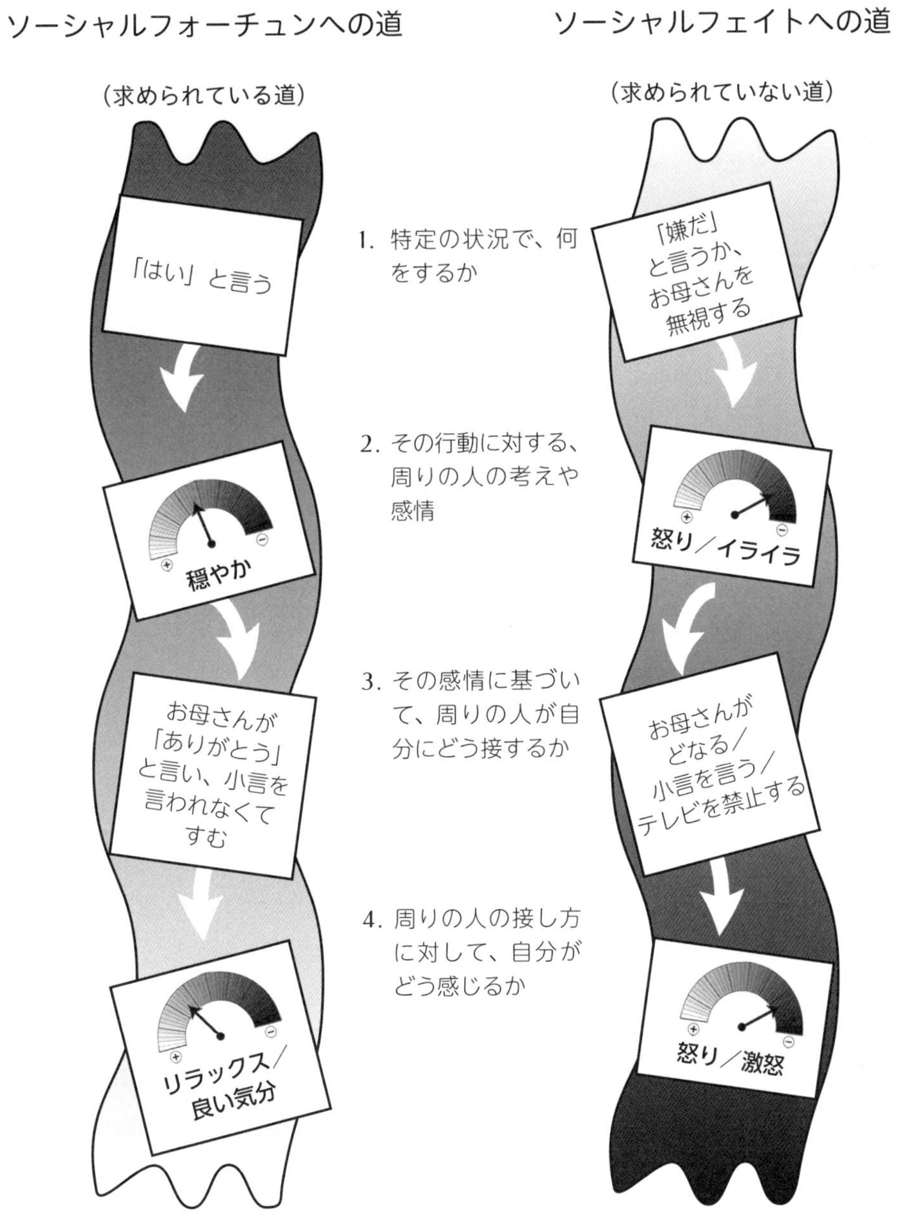

ソーシャルフォーチュンへの道
（求められている道）
「はい」と言う
穏やか
お母さんが「ありがとう」と言い、小言を言われなくてすむ
リラックス／良い気分
ソーシャルフェイトへの道
（求められていない道）
「嫌だ」と言うか、お母さんを無視する
怒り／イライラ
お母さんがどなる／小言を言う／テレビを禁止する
怒り／激怒
1. 特定の状況で、何をするか
2. その行動に対する、周りの人の考えや感情
3. その感情に基づいて、周りの人が自分にどう接するか
4. 周りの人の接し方に対して、自分がどう感じるか

さあ、最初の選択です！

この本はいくつかの読み方ができます。もし最初に「**フォーチュン編～ハッピーエンドへの道～**」のほうを読み、「**フェイト編～バッドエンドへの道～**」のほうは後に読むことにすると、どの登場人物も優れたソーシャルシンカーで、**ソーシャルフォーチュン**にたどりつくことのできる人たちであると感じるでしょう。もし逆に「フェイト編」から読み始めたら、この本で伝えようとしている「選択」の力というのがどういうものか、よくわかると思います。「フェイト編」では登場人物たちが、「フォーチュン編」とは別の選択をして、**ソーシャルフェイト**への道を進みます。そこではほとんどすべてのページで、「自動運転型」や「紋切り型」になっている登場人物たちを見ることになるでしょう。しかし、この本にはさらにもうひとつの読み方があります。片方の漫画を一話読んだら、本をひっくり返して、もう片方の同じストーリーを読み、登場人物たちが違う選択をすると

どうなるかを確認するということもできるのです。ソーシャルフォーチュンあるいはソーシャルフェイトに向かう道で、社会的状況自体はまったく同じです（上半分の４～５コマ）。登場人物たちがどちらの道に進むかは、上半分の続きのコマ（「何をするか」）でどんな選択をするかによって決まります。その選択が少し違うだけで結果がそれほどまで大きく変わってくるというのは驚きですが、実際そうなのです！　とにかく、この本をどういう方法で読むか自体は大した問題ではありません。好きな読み方で大丈夫です。ちなみに、ご両親や学校の先生もいくらか学べるところがあるかもしれないので、この本のことを教えてあげてくださいね。

知っておくべき、本当に大事な３つのこと！

1 周りの人たちが自分のことをどう思っているかについて考える

１つめに大事なことは、私たちは会話をしていないときでもお互いのことについて考えているということです。同じ教室で座っているだけのとき、あるいは廊下ですれ違うときでも、です。人は、他人が自分をいい気分にさせてくれたときのことも、不快な気分にさせられたときのことも覚えています。実際、自分が困らされたり嫌な気分にさせられたりしたときのことは特によく覚えていることが多いのです。自分自身の、何らかの社会的状況に関する経験について考えてみてください。誰かが自分を困らせたときのことについては、とりわけはっきりと思い出せるのではないでしょうか。誰かと一緒にいて良い気分でいられたときに、その人について普通の、あるいは良い印象を持つのは当然です。誰かが自分を困らせたり、ストレスを感じさせたりしてきたときは、嫌な気分になり、その人のことを変なやつだと感じて当然です。さて、ここからが大事なところです！　私たちが周りの人に対してどう考えるかは、その人にどう接するかに直接影響します。私たちは、相手に良い印象を持っていたらその人に優しく接するし、不快な人だと考えていたら冷たく接してしまうものなのです！　自分だけではなく他人も同じです。あなたについて良い印象を抱いている人は、あなたに対してとても丁寧に接してくれるし、あなたのことを変なやつ、不快な人だと考えている相手は、最悪な接し方をしてくる場合が多いのです。

誰かの「行動」が周りの人を不快にさせたり、変だと思わせたりした場合、通常それは「問題行動」と呼ばれます。では、次は「問題」というものについて考えてみましょう！

2 問題の大きさ

単に問題自体が起こるという場合もあれば、他人を不快にさせる行動をする人によって問題が生じるという場合もあります。しかし「問題」と呼ばれるからといって、それを取り返しのつかない事態だと考えなければいけない、というわけではありません！　問題の大きさは問題によってそれぞれ違いますし、すべての問題の緊急度や重要度を同じレベルのものと見なして解決していかなければならないことはないのです。さほど大きくない問題（レベル１・２・３程度）は、「ドジ」と呼ばれたりするようなものです。ドジというのは、例えば鉛筆の芯が折れたり、運悪く人とぶつかったりするようなことです。中程度の大きさの問題（レベル４・５・６・７程度）は、例えば携帯電話をなくしたり、誰かのことを「バカ」と言ってしまったりするようなことです。大きな問題（レベル８・９・10程度）は、多くの人を困らせてしまうもので、誰かの健康面の問題やお金の問題の原因になることが多いです。例えば家族の誰かが交通事故に巻き込まれたり、親が仕事を失ったり、大規模な自然災害が起こったり（近くで地震や台風が起こるなど）するのは、大きな問題ですね！　問題の大きさを理解するのはとても重要です。どの大きさの問題に対しても過剰に反応していたら、周りの人が困ったり、不快に思ったり、イライラしたりしますよね。問題に対して大きく反応することは、自分の感情をとても強く外に吐き出していることを意味するのです。さて、ここで質問です。あなたが本当に困ったと感じたとき、自分の感情をどの程度外に出し、どの程度心の中に留めておくとよいでしょうか？　次はそのことについて説明しましょう。

3 感情表現コントロール

例えば４歳の子どもは、すごく取り乱したり、すごく喜んだりしますね。でも、年齢が上がると事情は変わってきます。私たちは、自分の感情表現をコントロールすることを求められるようになるのです。特に、学校のような公共の場ではそうですね。社会的なルールと、周りから求められる「何をすべきか」の内容は、年齢に合わせて変わってくるし、私たちはそのことを理解する必要があります。それは、「私たちは感情を持たなくなる」ということではありません！　私たちは学校に通うようになっても、取り乱したり喜んだりします。ただ、感情を抑えることを周りから求められるから、取り乱すようなことがあっても、比較的落ち着いているように受け取られるだけなのです！　私たちはこれを「**感情表現コントロール**」と呼びます。簡単に説明すると、心の中で気持ちが激しく動いていても、人の前ではその気持ちをあまり出さないようにするということなのです。小学校高学年以上になると、感情を強く出すのではなく、控えめに出すことがますます望ましいとされます。例を挙げますね。例えばカイルという子が、あるときものすごく強い怒りを感じたとしても、彼がその怒りを少ししか見せなかったら周りの人は「問題ない」と感じる。でも、カイルがその感情を火山のように爆発させてしまったら、周りの人はその溶岩のような怒りに対して不快に感じるでしょうし、そのときカイルは新たな問題を生み出してしまったことになります。あるいは、もしチャンドラという子が教室で、何かでとても楽しいと感じたときも、バカみたいに大笑いしてその気持ちを解き放つよりも小さくほほえむだけにとどめておくのが、チャンドラに求められる最も望ましいやり方（この場合での、一番望ましい選択）となるのです。

感情表現コントロール（人前での感情表現は慎重に！）：人が何らかのとても強い感情を抱き、なおかつその感情の表現はひかえめにしておかなければいけないとわかっているとき、何度か深呼吸して、「人前で感情を爆発させると周りの人がとても不快に思う」という事実について考える、という方法を使うこともあります。

私たちは、小さな子どもに対しては、「問題の大きさ」というのは「人前で吐き出す感情の大きさ」とほぼ同じである、と教えます。もし誰かがレベル５の問題を抱えていたとき、小さな子どもであれば、レベル５程度の反応をして、困っているということを表現しても別にかまわないでしょう。しかし先ほど述べたように、小学校高学年くらいから成人に関しては、問題の大きさよりも小さめの反応をすることが求められます。レベル５の問題を抱えた場合は、それよりもかなり抑えた（例えばレベル１～３の）反応をして問題の解決を行うことが求められるのです。例えば、問題について伝える際に声や表情は穏やかにしておく、といったような解決法が求められるわけですね。

注意！：ものすごくネガティブな反応（とても取り乱しているような態度や行動を示すなど）をすると、先生や周りの生徒たちもまた取り乱し、結果として新たな問題を生み出してしまいます。誰もがその反応に対して何かしらの感情を抱くからです。例えばアントニオというガンコな子が、教室でかんしゃくを起こしたとします。先生はそのかんしゃくを受けて、気分を滅入らせてしまったり、心配したり、怒ったり、失望したり、悩んだり、イライラしたりするかもしれません。周りの生徒はアントニオに対して、不満に感じたり、怖がったり、気まずく感じたり、いらだったりするかもしれません。この感情の流れはアントニオの周りにいる誰にとっても喜ばしいものではないですよね。ここがポイントです！　このような感情というものはとても強い力を持っていて、だからこそ私たちは「注意！」のサインを出して、「気をつけて」ということを伝えます。感情への反応が起きる状況で、やるべきことを見失わないために。

重要：どうしても泣きたくなったり、どなりたくなったりする出来事というのもありますね。そのようなとき、自分の抱える問題の大きさを理解したり、自分が強烈な感情を抱いている理由を理解したりするために、誰かと話したいときもあるはずです。もし自分の置かれた状況とは無関係にとにかく感情をぶちまけたくなってしまったときは、家族の誰かや、学校の先生やカウンセラーに助けを求めるとよいでしょう。私たちは皆（大人も含めて）、「感情表現コントロール」をふまえておく必要があるし、周りの人たちはあなたを支えるためのいろいろな手立てを持っているのです。

この本のちょうど真ん中のページに出てくる、**「問題解決メーター」と「感情表現コントロール作戦（ストラテジー）」を確認してくださいね**。問題そのものの大きさよりも小さめの反応をする必要があることを思い出せるようになっています。

対人行動マップ、対応のヒント、ストラテジー・コード

左ページの漫画を読んだあとは、右ページにあるマップに注目しましょう。前のページで紹介した、４マスからなるマップを思い出してください。「右ページにあるマップ」というのはそれと同じものですが、ここではわかりやすいように書き込んであります。ページの上のほうに書かれた社会的状況を見て、それから４つの欄を見てくださいね。その欄というのが、例の「マップの４マス」です。これらのマスの中には、「対応のヒント」や「ストラテジー・コード」に当たる内容も含まれています。「対応のヒント」は、その社会的状況で起こった出来事についてのまとめです。「ストラテジー・コード」は、ソーシャルフォーチュンにたどり着くまでに登場人物たちが実践した対処法で、全部で12種類あります。この本の最初のほうにこれらの「ストラテジー・コード」がリストアップされていることに、すでに気づいたかもしれませんね。まだでしたら、今見てもかまいません。漫画を読んでいる間は、見るのを少し待ってくださいね。

隠れた文字

漫画のページにはどこかに必ず「隠れた文字」があります。全部で20の文字を見つけて、下の空欄に書き込んでいくと、「秘密のメッセージ」が現れます。例えば、フォーチュン編の２ページ目の漫画を確認してみてください。「Y」という隠れた文字があると、すぐにわかりますね。３コマ目の、男の子のシャツに書かれています。その他の文字はこんなに簡単ではありません。中には見つけるのがかなり難しいものもありますよ。

「フォーチュン編」からスタートしてみましょう。文字を見つけたら、紙かそのページに書いておくといいですよ。「フォーチュン編」のすべての文字を見つけたら、この本をひっくり返して、「フェイト編」の隠れた文字を見つけましょう。すべての文字を見つけたら、下の空欄にそれらを書いてみてください。そうすれば「秘密のメッセージ」が何なのかわかるはずです。

Y												
フォーチュン p.2	フォーチュン p.4	フォーチュン p.6	フォーチュン p.8	フォーチュン p.10	フォーチュン p.12	フォーチュン p.14	フォーチュン p.16	フォーチュン p.18	フォーチュン p.20	フェイト p.2	フェイト p.4	フェイト p.6

							!
フェイト p.8	フェイト p.10	フェイト p.12	フェイト p.14	フェイト p.16	フェイト p.18	フェイト p.20	

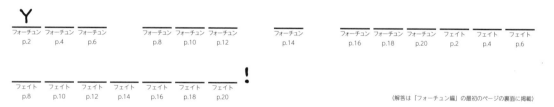

（解答は「フォーチュン編」の最初のページの裏面に掲載）

自分自身についてはどう？

ここからが大事なポイントです！　この本を読んでいるとき、「登場人物たちがソーシャルフェイトに向かってしまう選択は何か」を判断するのはおそらく簡単だと思います。他人が「その状況で求められてい

ない行動」をしていることに気づくのはたやすいものです。でも、あなた自身についてはどうでしょう？　もしあなたがこの本で描かれているのと同じような状況にいたら、どちらの道を選ぶでしょうか？　ソーシャルフォーチュンへの道？　それとも、ソーシャルフェイトへの道？　ボブ、サム、リンと一緒に歩いていく中で、あなた自身の道についても考えてみましょう！

ところで、私たちのうちの誰もが、自分の人生全体を通して、**ソーシャルシンキング**（周りの人の考え／気持ちを考えること）とそれに関連するスキルを高めようとし続けています。自分の行動が周りの人にどう影響するかについて、もうすべて理解しつくした、と感じている人はいないはずです。ご両親や先生に、「社会的状況でやるべきことは何かについて、大人になった今もまだあれこれと考えなければいけないかどうか」を尋ねてみればわかることです。彼らが私たちと、そしてあらゆる人たちと同じように生きているのであれば、ソーシャルフォーチュンへと向かう道を歩き続けるため、自分のやるべきことや言うべきことについて正しく理解しようと、今も頑張り続けているはずです。

ただ、覚えておいてほしいのは、ソーシャルフェイトへの道に入ってしまうという事態も、人生の中では必ず起こるということです！　ときどき間違いをおかして誰かに迷惑をかけるというのは、いわゆる「人間らしさ」というものなのです。人はたいていの場合、周りの人に迷惑をかけたくないと思うものですが、まったく迷惑をかけずに生きることは不可能です！　迷惑をかけてしまったときは、問題解決のためのスキルを使って対応していきましょう。

つまりは、以前自分がしてしまった、自分をソーシャルフェイトに導いてしまった選択について振り返ってみることが重要なのです。今後もしそのときと同じような状況になったら、自分を確実にソーシャルフォーチュンに導いてくれそうな選択をすればいい。なぜかって？「そうすると周りの人が自分を良く思ってくれるから」だけではなく、「あなたがあなた自身を好きになれるから」！

よく覚えておいてください。間違えること自体は問題ではないのです。間違いを通して学ばないことが問題なのです。

最後のアドバイス：もし運悪くソーシャルフェイトへの道に入ってしまっても、うろたえないこと（つまり、落ち着いてください)。正しい道に戻るひとつの方法は、怒ったり傷ついたりした人に謝ることです。謝るというのは、「自分は間違いをおかしたけれど、あなたのことを悪く思ってそうしたわけではない」と相手にわかってもらう方法なのです。

主な登場人物

サム

リン

ボブ

10代のための Social Fortune or Social Fate
ソーシャルシンキング・ライフ

場に合った行動の選択とその考え方

今日は海にいる哺乳類について勉強します
海の哺乳類のことなら、他の誰よりも知ってるぞ
海の哺乳類について本が書けそうなくらいだ
何をするか
みんな、海の哺乳類のことを知らなすぎるんだよ！
また注意しなきゃ
ボブ、ルールは昨日から変わっていませんよ
何か言いたいことがあったら、手を挙げて
不愉快
目立
たが
不満
周りの人の考え／気持ち
…あと、このクラスでは人をけなすようなことを言わないように！ お昼休みにでもルールの復習をしたらいいわ
ムカつくな
このクラス
やつらは
バカばっかり
怒り
周りの人が自分をどう思うか
自分はどう感じるか

ソーシャルフェイト①　よく知ってるよ

社会的状況：クラスでの話し合いに参加している

求められていない行動 社会的状況で自分は何を**する**か	自分の行動に対して、周りの人がどう**感じる**か	その感情に基づいて、周りの人が自分にどう接するか	周りの人の接し方について、自分はどう**感じる**か
・頭に答えが浮かんだら、それをすぐさま言う ・周りの人に対して、「自分のほうが物知りだ」とアピールする	・不満 ・不愉快	・文句を言う ・無視する ・自分と一緒にグループ活動をするのは嫌だと思うかもしれない ・陰口を言うかもしれない	・怒り ・不満 ・不愉快

対応のヒント　物知りなのはわかったから、もう自慢しないで！

物知りであっても、「自分は何でも知ってるよ」とひけらかすようなマネはしないほうがいいです。博識な人に課される「隠れたルール」は、「その知っていることを、少しずつ話さなければいけない」というものです。もしあなたが話し合いの時間に、延々と自分の知識をひけらかし続けてしまったら、他の人たちは話し合いに参加できません。教室にいるみんなは、その終わらない長話に対して間違いなくいろいろと思うことでしょうが、それは決してあなたにとって好ましいものではないでしょう。自分が物知りであることに自信を持つのはかまいません。その上で、長々と話す代わりに、持ち前の知性を上手く活かすようなやり方を身につけましょう。「短い言葉が、時には非常に役に立つ」。つまり、知っていることのごく一部だけを話すことによって、クラスのみんなと馴染みやすくなります。もし自分の知識をあまりにたくさん話してしまったら、周りの生徒たちは、「この人は『オレはお前らよりも賢いぞ』と言いたいのだろうな」と考えてしまうかもしれません。人は、他のクラスメイトが「自分こそが一番賢いぞ」とわざわざ見せつけるようなふるまいをすることを、嫌うものです。

何が起こったのだろう？

この状況で、ボブは「自分はこの分野についてはとてもよく知っているぞ」と思っており、そのことを教室にいるみんなに知らしめようとしました。では、このことの問題点はどこにあるでしょうか？　何といっても注意すべきは、果たして彼が「自分の知っていることだけ」を言ったのかどうか、ということです。うーん、知っていることだけを上手く言えたとは言いがたいですね。彼はクラスメイトに「自分はみんなよりもよく知っているんだぞ」ということを主張してしまったので、クラスメイトは彼のことを「目立ちたがり」だと思い、不満に感じたり、彼のそのような言い方に「見ていて恥ずかしい」という気分になったりしたかもしれません。彼が、「他の人たちをうっかりけなしてしまうことのないよう、一度に話す量は少なめにしておく必要がある」という自明の（あるいは隠れた）ルールを守らなかったので、先生はイライラしてしまいました。最終的にボブは、周りの人の態度に対して戸惑いと怒りを感じてしまいました。マップの最後の枠を見ればわかるかと思いますが、彼の選択がみんな（ボブ自身を含む！）のネガティブな考えや気持ちを呼び起こすきっかけになってしまったことに、彼は気づかなかったわけです。

クラスでこういう状況に陥ったり、似たような事態が起こったのを見たりしたことはありませんか？

オプション：ボブがフォーチュン編でこの状況をうまく乗り切った様子をまだ読んでいないなら、今すぐ本をひっくり返して読んでみてもいいですよ。

昼メシまだかな
彼、素敵！
僕のロッカーどこだっけ？
おや。リンの髪型、だいぶ変わったなあ
リン、髪切ったみたいだな
私の髪型、みんなに好か
といいな
やあ、サム
ハーイ、元気？
髪切った？
ええ、ちょっと切り過ぎて、あんまり気に入ってないの。どうかな？
何をするか
僕はうそは言わない。ひどい髪型だな！いったい何考えてんだ？
ひどい髪型だな！何でそんな髪にしたんだ？
ムカつくやつ！
傷つき／怒り
周りの人の考え／気持ち
あっち行っちゃお
あとで一緒に昼ごはん食べない？
あー、2028年になったらね
周りの人が自分をどう思うか
あれ？ 僕、何かしたかな？
困惑
自分はどう感じるか

ソーシャルフェイト②　本当のことしか言わない

社会的状況：あなたの好きな人（仲のいい人）の見た目が変わった

求められていない行動

社会的状況で自分は何を**する**か	自分の行動に対して、周りの人がどう**感じる**か	その感情に基づいて、周りの人が自分にどう接するか	周りの人の接し方について、自分はどう**感じる**か
・相手に、「その見た目はひどいと思う」ということを伝える ・嫌そうな顔をする	・怒り ・傷つき	・遠ざかりたくなるかもしれない ・今度は自分を避ける ・嫌そうな顔をするかもしれない ・イライラした様子で接してくるかもしれない	・傷つき ・困惑

対応のヒント
フィルター、フィルター、フィルター！

隠れたルールとして、「頭に浮かんだことを、いつでも言っていいわけではない」というものがあります。頭の中では何でも好きなことを考えていてかまいませんが、それを言葉にするときは注意が必要です。自分の言葉が相手の感情をどのくらい傷つけてしまうか、ちゃんと考える必要があります。なぜなら、上のマップが示しているように、相手の感情に与えた傷は結局自分に返ってきてしまうためです。いくらかの事柄は頭の中（フィルターの中）に留めておいて、「これは言う必要があるし、言っても周りの人を困らせたりはしないだろう」と判断したことはフィルターを通過させて口にするのです。周りの人からなるべくよい印象を持ってもらいたいとき、この方法はとりわけ役立ちます！

何が起こったのだろう？

この状況で、サムはリンの新しい髪型に驚き、そのことを顔に出してしまいました。彼の頭にまず浮かんだのは、「ひどい見た目だなあ、いったい何を考えてそんな髪型にしたんだ？」ということでした。サムはこれまでずっと「正直であるべきだ」と教わってきました。実際、正直さ、誠実さは、サムの立派な長所のひとつなのです。ですが、次のことに焦点を当てて話を進めていきましょう。友だちと関わるときの「隠れたルール」のひとつとして、「何を言うか、にとても注意しなければならない（人の外見や知性に関する発言は特に注意しなければならない）」というものがあります。もしかしたら、「いや、でも、リンはサムに『どう思う？』と尋ねたのだから、サムは思ったことを言わなきゃならないんじゃないか」と言いたい人もいるかもしれません。でも、ここで伝えたいのはそういうことではなくて、「これは頭のフィルターの一番大事な部分が働いているかどうかのテストですよ」ということなのです。中学校や高校に入るころには、私たちはこのフィルターを毎日積極的に使っていかなければならないのです。言い換えると、頭の中では考えたいことを考えていていいのですが、自分の発言や行動が「他人が自分をどう思うか、自分にどんな感情を抱くか」にどう影響するかについては注意しなければならない、ということです。結局、あなたの周りにいる人々は、自分の感じたことに基づいてあなたへの接し方を決めるのです。そして、サムが最終的に戸惑ってしまった様子を見れば明らかなように、「正直であること」がまったく役に立たない場合というのもあるのです。リンからよく思われたいのであれば、サムはリンの髪型が全然好みではなくとも「その髪型をよいと思っている」ようにふるまうべきだったのです。そのような**ソーシャルフェイク**（⇒フォーチュン編 p. 7）を行うべきだったのです。「真実が人を傷つける場合でさえも、必ず真実を話すこと」より、「気軽に話せて自分を支えてくれる人との関係を、壊さないようにすること」のほうが、長い目で見ればサムにとってより重要なのです。

あなたはどう思いますか？　サムは自動運転型、あるいは紋切り型だったでしょうか？　この状況で、サムは他にどんな選択ができたと思いますか？

Qという文字が最初に用いられたのは……
Qってすごい！
誰がこんな話に興味持つんだよ？
もう寝てしまいたい。こんな授業つまんないってわかってくれよ
昼メシまだかな
つまんない
数年後、Qという文字は……
何をするか
あ～～つまんない！
おいボブ、余計なことするなよ……
思ったことを言ったまでだ
だらしない子ね
イライラ
周りの人の考え／気持ち
授業を妨害したのだから、お昼休みに居残りしなさい。あと、この授業は明日も引き続き行います
ありがとう、明日もQの歴史について学べるわ！
はあああ!?どうしてこの人はいつも僕にお説教するんだ？
激怒
周りの人が自分をどう思うか
自分はどう感じるか

ソーシャルフェイト③　ものすごく退屈

社会的状況：授業に参加しているが、内容がつまらない

求められていない行動 社会的状況で自分は何を**する**か	自分の行動に対して、周りの人がどう**感じる**か	その感情に基づいて、周りの人が自分にどう接するか	周りの人の接し方について、自分はどう**感じる**か
・机に突っ伏す ・「退屈だ」ということを口にする	・怒り ・不満 ・イライラ	・授業が止まる ・周りの子が自分を責める ・お昼休みの居残りを命じるかもしれない ・先生が明日も同じ授業をする	・激怒 ・恥ずかしい

対応のヒント

人は誰でも退屈するもの。うまく対処しましょう！

人生や学校生活において、すべての人にとって逃れようのない事実があります。それは、人はときどき「退屈だ」と感じる、ということです。私たちは皆、一日の中でいつ退屈な時間が訪れても、それをうまくやり過ごす力を身につけなければいけないのです！　その時間にどう対処するかによって、周りの人が自分に対してどう感じるか、自分にどう接してくるかが決まってきます。そして、自分の「自分自身について抱く感情」まで決まってくるのです。幼い頃は、退屈なときは親に「退屈だ」と言ってもかまわなかったわけですが、学校には「退屈な時間をうまくやり過ごさなければならない」という隠れたルールがあります。相手と話していて退屈だと感じたとき、あるいは、相手の近くに単に座っているだけで、自分は話すことさえしていないというときでも、私たちはその時間をうまくやり過ごす必要があります。このような退屈な時間に活用できるとても優れたストラテジーがあります。それは「ソーシャルフェイク」というものです。今回の社会的状況に関する、**ソーシャルフォーチュン**のほうのマップでは、このストラテジーについてもう少し詳しく説明しています。ソーシャルフェイクは、誰もが時々使っている、「退屈に感じてもそのことを言わず、頭の中ではちょっと一息つきつつも、相手に目線と体を向けておく」という方法のことです。言いかえると、退屈に感じたときに数秒ほど集中を切らしてボーっとすることはあるかもしれませんが、その後は（頭の中で素早く気分転換をしたら）、再び相手やその場の様子に注意を向ける、ということです。

何が起こったのだろう？

この状況では、先生が話している間、みんなも何かしら退屈さを感じているのがわかりますね。あくびをしている生徒もいれば、のびをしている生徒もいます。ソーシャルフェイクをしている生徒もいます。このときボブも、周りの多くの生徒と同じように退屈に感じていました。そして、机に突っ伏して「退屈だ」と態度で示すだけではなく、退屈だということを声に出して周りの生徒たちと先生に聞こえるように言ってしまいました（自動運転型、あるいは紋切り型の選択といえそうです）。これはよい方法とはいえません。ボブがこうすることで、先生が怒るだけではなく、周りの生徒たちも怒りました。なぜなら、みんな静かに、この退屈な時間を我慢していたからです。ボブの行動によって、先生は次の日も同じ授業を続けることにしました。つまり、ボブの行動はボブ自身とクラスメイトにとって嬉しくない結果を招くという大きな問題につながったわけです。見てのとおり、ボブは自分の選択の結果として激怒し、「先生は自分をいじめている」と感じました。ボブは「自分の選択」と「それにより他人がどう感じるか」と「最終的に自分がどう感じるか」の関係がわからなかったのです。ボブは、よりよい選択をしてこの問題の連鎖を避けるために、もう少し早めに**ソーシャルフォーチュン**のマップを活用しておけばよかったかもしれません。

あなたはどうでしょう？　退屈に感じたときは何をしていますか？　「退屈だ」と周りの人や先生に伝えていませんか？　もしそうであれば、あなたは**ソーシャルフェイト**への道を一直線に突き進んでいることになります！　他によい選択はないでしょうか？　このような状況で、あなたはどんな道を選びますか？

5時半には
ゲームがしたい。
残りの4問、
終わらせないと
宿題の調子は
どう？
今日の
宿題多すぎ！
終わんない！
最後の4問、
わかんないし！
こんなの無理よ！
頑張りなさいな。
もう20問解いたんだし、残りは
たったの4問
でしょう？
できるわよ。
あきらめないで
これは
大問題よ
お母さんには
わかんないよ。
こんなの無理なの！
何をするか
大げさに
騒ぎすぎよ！
不満／イライラ
周りの人の考え／気持ち
全部拾いなさい。
今晩はゲームのこと
なんか忘れなさい！
周りの人が自分をどう思うか
学校なんか
嫌い。
二度と学校に
行くもんか！
ひどく不快
自分はどう感じるか

ソーシャルフェイト④　もうおしまいだ！（ほんとに？）
社会的状況：宿題が終わらない

求められていない行動 社会的状況で自分は何を**する**か	自分の行動に対して、周りの人がどう**感じる**か	その感情に基づいて、周りの人が自分にどう接するか	周りの人の接し方について、自分はどう**感じる**か
・小さな問題に対して大きな反応をする ・床に宿題を投げ捨てて、宿題をやめてしまう ・周りの人に声を上げる／不平を言う →	・不満 ・イライラ →	・何らかの権利を奪うかもしれない（例：ゲームをさせてくれない） ・小言を言う ・お母さんがどなり返してくるかもしれない →	・ひどく不快 ・怒り ・不満

対応のヒント
問題の大きさをつかもう！

問題の大きさは様々です。冷静に受け止められそうなもの（レベル１～３、小さな問題）から、ムッとするもの（レベル４～７、中ぐらいの問題）、猛烈に腹が立つようなもの（レベル８～10、大きな問題）まであります。自分の問題をちょっと遠くから眺めて、その問題の大きさが実際どの程度なのかを理解するのがコツです。このとき、「他人は自分の問題をどのくらいの大きさだととらえるだろうか」と考えてみるといいでしょう。二番目のコツは、実際に感じている問題の大きさよりも小さめの反応をすることです。これは特に、小さめの問題や中ぐらいの問題を感じたときに重要です。少し時間を取って、この本の真ん中にある問題メーターに、問題の大きさを書いてみてもいいでしょう。大きな災害（地震や竜巻や交通事故）はレベル10とみなせるもので、そのときあなたの反応はレベル10（叫ぶ、大泣きする、など）でかまいませんし、そのくらいの反応をすべきです。ですが、ゲームのコントローラーをなくしたとか、数学の最後の４問を終わらせなければならないとかいった問題は、レベル３程度のものです！　そしてレベル３の問題には、最小限の反応（例えば「うーむ」とつぶやくなど）に留めるべきです！　この、「問題の大きさ」と「自分の感情的な反応の大きさを抑えること」に関しては、この本の最初のほうにも書いてありますので、読んでみるとよいでしょう。

何が起こったのだろう？

リンは、宿題をする時間はこの世の終わりのようだといつも思っています。宿題をやり始めるときは必ず、他にしたいことをするための時間が取れなくなると感じて、心配でイライラしてきます。そして、リンは自分のプリントを床に投げ捨ててお母さんにどなる、という大きな反応をしてしまいました。そのような強いネガティブ感情によって、「リンは自分の感情を抑えることができないのだ」とお母さんが受け取ってしまうという問題が起こりました。お母さんは、リンに怒りを感じ、リン以上に強い感情をぶちまけるという反応をしました。お母さんはリンの数学の問題よりもリンの感情的な様子のほうに注意を向けてしまったのです！　リンは、自分の向き合っている問題の大きさが実際はどの程度なのかを振り返るのを忘れました。自分と周りの人を落ち着かせるために気持ちを抑える、という方法を取るのも忘れました。身の回りの問題すべてがとても大きなものに感じられて、問題の実際の大きさを理解することが難しく感じられる、ということは珍しくありません。ここであらためてお伝えしますが、問題の大きさというものは問題によって違いますし、その違いは練習を通して理解することが可能です。練習には、周りの人と話し合ってみる、というものも含まれます。話し合いによって、いろいろな問題に対して周りの人がどのような考えを持っているか、そしてそれらの問題にどのようなランクづけ（「大したことはない」「まあまあ」「重大」など）をしているかがわかります。リンに起こった出来事を見ればわかるように、リンの反応を見てお母さんは「大げさだ」と思い、強い怒りといらだちを感じました。さて、お母さんが宿題のことで怒りの感情を感じた結果、いったい何が起こるでしょうか？　お察しの通り、リンに宿題を終わらせるよう叱る理由ができ、リンは叱られてしまうという結果になるわけです。リンは最終的にとても嫌な気分になってしまいましたし、お母さんはリンが自分の感情をコントロールできないことに頭を抱えてしまいました。

お、ボブだ
周りのやつら、誰だろ
ジャオ先生のテストが終わったところなんだよ
なんて声かけたらいいだろ……ちょっと考えてみるか
やあ、サム
ひどい出来だったよ
どうしたの？
誰も僕のことを気にしていない
何をするか
ジャオ先生の授業は受けていないし、言えそうなことは何もないな。話には加わらずに、とりあえずここに立っていよう
周りの人の考え／気持ち
あいつ、あそこで何してるんだ？
あいつ、お高くとまってやがる
おい、サム？
あいつ、どうかしたの？
不快
まあ、どうでもいいや。外に行こうぜ
おう！
そうだな、僕も一緒に行く
周りの人が自分をどう思うか
かまうもんか。あいつらは嫌なやつらだ
怒り／不満
自分はどう感じるか

ソーシャルフェイト⑤　どうやって話の輪に入る？

社会的状況：周りの人に何を言うべきかを判断する

求められていない行動 社会的状況で自分は何を**する**か	自分の行動に対して、周りの人がどう**感じる**か	その感情に基づいて、周りの人が自分にどう接するか	周りの人の接し方について、自分はどう**感じる**か
・一緒にいる人のほうを見ずに、地面を見たりする ・集団から離れる ・コメントや質問をしない ・周りの人と一緒に行動しようとしない →	・不快 ・困惑 →	・自分から遠ざかっていくかもしれない ・次から自分を避けるようになるかもしれない →	・怒り ・不満

対応のヒント
考えて、動いて、聴いて、推測して！

周りにいる人たちに何と言って話しかけるかを考えるよりも、その人たちから遠ざかってしまったほうが楽だ、と感じることもあるかもしれません。周りから離れて、ただ立っている、あるいは座っている、そして下を向いていれば、誰も自分のことを気にかけないだろう、とさえ考えるかもしれません。はっきり言っておきます。周りの人はその様子に注意を向けるし、それに対して何らかの考えや感情を抱きます。誰かが集団の輪から立ち去っていったり、いつもその人だけじっと座っていたり、話の輪に入ることを避けたりしていると、周りの人たちはそのことに気づきます。そして、「なぜその人はそんなふうにふるまうのか」を理解しようとして、こんなふうに考えるかもしれません。「関わりたくないのか？」「僕たちに腹を立てているのか？」「僕たちを見下しているのか？」。ですので、他人の気持ちについて考えるために、自分の持っている「ソーシャル探偵アイテム」を使い、話の輪に入っていき、そこの人たちが何を話しているのかを聞き、「賢い推理」（⇒フォーチュン編 p.11）を行いましょう。

何が起こったのだろう？

サムは、本当は話の輪に入っていきたいと思っています。彼は感じのいい人ですし、周りの人たちを楽しませる力もちゃんと持っていますが、この場面では何らかのストラテジーを使って彼らと仲良くしようとはせず、避けることを選んでしまいました。彼は怠けてしまったのです。ボブのことはすでに知っていたのですから、「一緒にいる他の人について知る」という課題は乗り越えられたはずなのです。ボブとは知り合いなので、サムは集団に近づいてボブとあいさつすることはできました。しかしそのとき、サムは柔軟にものごとを考えることができませんでした。「みんなが話している先生の授業は受けたことがないから、中に入っていくことはできない」と思ってしまったのです。ここで「賢い推理」というストラテジーを使うことができたら、話の輪に入っていくことはできたはずなのです。しかし彼はそうせず、みんなから遠ざかり、一人きりで突っ立っていました。彼は、「何も言わなければ、誰も自分のことを気にかけたりはしないだろう」と考えました。うーん、それは間違いなのです。みんなは気になって、「何で遠ざかったのだろう」「どうして一人で立っているのだろう」と考えるからです。この状況では、みんなは最終的に不快な気分になりました。サムが自分たちから遠ざかった理由（あるいは、遠ざかった動機）がわからなかったからです。このため、みんなはその場から立ち去ってしまいましたし、サムは立ち去られたことで困惑と怒りを感じました。彼は、自分の選択が周りの人の考え・感情・反応の原因になっているということがわかりませんでした。最終的にサムは自分だけ取り残されたように感じ、一方で周りの人たちは、サムと関わろうとしたり、その方法を理解したりするのは難しすぎると感じてしまいました。

オプション：サムがこの状況にうまく対処できた可能性もあったのです。フォーチュン編で彼が「賢い推理」をしたときに何が起こるか、本をひっくり返して見てみましょう。

???
???
???
???
はぁ？
あ、リアンも
わかってないな
うーん、
僕も
わからない
こんなこと
やる必要
ないよ
こんな授業
ばかげ
てるよ！
何をするか
また始まった
ああもう、
黙ってろよなあ。
迷惑なんだよ
彼の
かんしゃくには
うんざりだ
イライラ
不満
周りの人の考え／気持ち
明日の授業では態度をあらためるように。
職員室のジャクソン先生のところに
行ってきなさい
黙って
なよ
周りの人が自分をどう思うか
この授業、
ほんと
嫌い
激怒
自分はどう感じるか

ソーシャルフェイト⑥　はぁ？　わかんない

社会的状況：授業中、助けを求める

求められていない行動 社会的状況で自分は何を**する**か	自分の行動に対して、周りの人がどう**感じる**か	その感情に基づいて、周りの人が自分にどう接するか	周りの人の接し方について、自分はどう**感じる**か
・授業内容にイライラし、聞いていられなくなる ・思わず「こんな授業ばかげてるよ！」と口走る ・プリントを破り、鉛筆を折る ・周りの人に助けを求めることをしない	・不愉快 ・不満 ・もどかしさ	・自分を叱るかもしれない ・これまで認められてきた自分の権利を奪うかもしれない ・自分と一緒に課題に取り組むのを避けるようになるかもしれない ・グループや教室から出ていくように言うかもしれない	・激怒 ・恥ずかしい

対応のヒント
わからないことがあって当然！

生まれながらにインターネットに接続されていたり、脳内にあらゆる知識をダウンロードしている人は一人もいません。ですので、「身の回りのすべての事柄についてわかるわけはないのだ」という判断は、とても正しいのです。これはつまり、私たちの**誰もが**時には周りに助けを求めなければいけない、ということを意味します。しかし、だからといって、単に助けを求めさえすればよいというわけではありません。まず、助けを求めるタイミングはいつなのかを理解する必要があります。「今、助けを求める必要がある」とわかったときこそが、そのタイミングなのです。もっとも、助けの求め方によっては問題が発生してしまう場合もありますが、上に書かれたマップと、**フォーチュン編**に載っている同じテーマのマップに、それを避けるヒントが示されています。自分が助けを必要としていることを知るためのストラテジーとしては、「何か新しい事柄を学んでいるとき、あるいはこれまでとは違うやり方に挑戦しているとき、うまくいかずに不満を感じる場面に出くわした」という状況に気づくこと、があります。気づいたときが、助けを求めるタイミングなのです。まず、「自分は、今ここですべきことが何かわかっているか？」と考えてみるとよいでしょう。わからなければ、静かに先生のほうを見て、助けを求めるために手を挙げて、先生がそれに応じて自分を呼ぶか自分のほうに近寄ってくるのを待つとよいでしょう。クラスメイトに助けを求めてよい場合もありますし、同じように、クラスメイトがあなたに助けを求めることもあります！

何が起こったのだろう？

さて、この社会的状況で、ボブは前半の部分では問題なくふるまえていました。彼は自分のすべきことがわからず、これから何が起こるのかがわからなかったため、教室をきょろきょろと見回しました。そこで、周りの子たちも困っているということがわかったのですが、このタイミングでボブは**ソーシャルフェイト**への道に迷い込んでしまったのです。彼は「セルフコーチ」（⇒フォーチュン編 p.13）と「キャッチ・フィルター」（⇒フォーチュン編 p.21）を活用できず、「こんな授業ばかげてるよ！」と大声で言う、という反応をしてしまいました。これにより先生は、「ボブがまた教室でかんしゃくを起こしている」とイライラしてしまい、他のクラスメイトもムッとしてしまったのです。先生がボブを教室の外に出すまでの間、授業は少し中断しなければならなくなりました。ここでは、ボブを含むクラス内の全員が、この状況を「嫌だなあ」と感じています。最終的に、ボブは強い怒りを覚え、この授業に参加することをとても嫌だと感じるようになりました。ボブが自動運転型にならずに、**ソーシャルシンカー**としてストラテジー・コードを活用することができたら、まったく違う状況になっていたでしょうに！

よし、リン、うっかりしゃべらないようにするのよ！
では、オンラインでの授業課題について話していこう
注意よ……うっかりしゃべらないように！
うーん、ところでお昼ごはん何だろう？
あ、先生が私のほう見てる。答えたほうがよさそうね
さて、何かわかったかな？
何をするか
1481年、システィーナ礼拝堂に飾る絵画の作成のため、ボッティチェリはローマに招かれました
彼女ったら、自分は何でも知っていると思ってるんだから
またか……
不愉快
不満
周りの人の考え／気持ち
君が答える番じゃないよ、リン
がまんしなさいよ
周りの人が自分をどう思うか
何がいけないの？私は答えを知っているのに。もうお説教されるのはうんざり！
怒り
自分はどう感じるか

ソーシャルフェイト⑦　私に話しかけてる？

社会的状況：授業中、問題の答えがわかっている

求められていない行動 社会的状況で自分は何を**する**か	自分の行動に対して、周りの人がどう**感じる**か	その感情に基づいて、周りの人が自分にどう接するか	周りの人の接し方について、自分はどう**感じる**か
・うっかり答えを口走る	・不愉快 ・不満	・先生またはクラスメイトが、怒りの言葉を投げかけてくるかもしれない ・自分と一緒のグループで課題に取り組みたいと思わなくなるかもしれない	・怒り ・動揺

対応のヒント

うっかり口を滑らせないように！

授業中、問題の答えを知っていて、それを言いたいと思っているときは、少しもどかしさを感じるものです。問題は、自分の発言の番ではないのにいつも答えを言っていたら、先生やクラスメイトをイライラさせてしまうということです。重要なのは、「今、自分が目立ってもよいタイミングかどうか」を理解することです。リンは、少し間を置いてみることはしましたが、先生が今、誰に質問しているのかを知るために周りをよく見る、ということはしませんでした。このため、リンは答えをうっかりと口走ってしまい、結局、周りにいるみんなをいらだたせてしまいました。ここで意識しなければいけないことは、「口を滑らせないようにする」ということです。口を滑らせないためには、どこに注意を向けるべきかをしっかり考えて、周りをよく見ることが重要です。「自分の知識を披露すべきタイミングかどうか」を判断するために、そのような意識が必要なのです！

何が起こったのだろう？

リンは、教室で座っているときにたいていの人がやることを、実践してはいたのです。リンは先生が言っていることにしっかり注意を向けようとしていました。ほんの少しの間だけよそ見をして、他のことを考え始めましたが、すぐに注意をもとに戻し、先生の問いかけを聞きました。ただ、リンはその答えを知っており（たいてい、いつもそうです）、そして、うっかりとそれを口走ってしまいました。その結果、先生は不満といらだちを感じてしまいました。なぜなら、以前、先生はリンに対して、彼女が授業中に答えを口走ってしまうことについてすでに指摘していたからです。クラスの子たちは、「リンがまた自分の知識をひけらかしている」「知ったかぶりだ」と感じました。こうなると、次に起こるのは「いつものこと」です。先生はリンを叱りました。そしてリンのクラスメイトは、彼女に「やめてね」と言うだけではなく、次のグループ課題が終わるまでの間、彼女と関わるのを避けるようになりました。このため、リンはとても嫌な気分になり、強い怒りを感じました。

口を滑らせないでいることは、難しいことでしょうか？　大半の人にとってはそうかもしれませんが、練習次第でうまくコントロールできるようになります。リンが**フォーチュン編**で活用したストラテジー・コードをよく見て、あなたの実生活の中でもそれを使えるかどうか試してみましょう。

オプション：このまま、ソーシャルフェイトへと向かっていくリン、ボブ、サムについて読み続けてもかまいません。また、彼らが自分の選択によって、最終的に味わう感情をどのように変えることができたかについては、本をひっくり返して、フォーチュン編で確かめてみるとよいでしょう。

クラス・プロジェクト
さっさと終わらせましょう
いいね
じゃあ最初は先生のものを使えばいいかな
いや、私のも使えるよ
そのほうが早くできそうだし、いいんじゃない
僕のやり方が正しいと思うんだけどな
融通をきかせなさいよ
大した問題じゃないじゃん
僕は正しい！
課題を終わらせるには、グループに3人は必要なんだよな
何をするか
これは大きな問題だ！
ううぅ
いいや、みんな間違ってる！僕はこのグループを抜けるよ！
は？
イライラ
怒り
周りの人の考え／気持ち
あの２人とは一緒にやりたくない。一人でやります
一人でやってみたら？
あいつ、どうしちゃったんだ？
一人でやるという選択肢はないの。グループに戻りなさい
周りの人が自分をどう思うか
こいつら２人とは本当にウマが合わないよ
ひどく不快
自分はどう感じるか

ソーシャルフェイト⑧ 「自分流」で暴走してない？

社会的状況：少人数でのグループ活動をしている

求められていない行動 社会的状況で自分は何を**する**か	自分の行動に対して、周りの人がどう**感じる**か	その感情に基づいて、周りの人が自分にどう接するか	周りの人の接し方について、自分はどう**感じる**か
・他の方法を考えようとしない（考えが固い） ・周りのアイデアについては「間違っている」と言い、彼らにどなる ・グループから離れていく	・イライラ ・怒り ・不愉快	・今後、自分と一緒に課題をすることを避けるようになるかもしれない ・先生も生徒も、いらだった表情を浮かべるかもしれない ・周りの人が、不満げな言い方をするかもしれない	・とても不快 ・悲しい ・怒り ・不満

対応のヒント

他の方法でもいいじゃないか！

何かの課題に取り組んでいて、自分が一番いい方法を知っていると**思った**ときは、「周りのみんなも**その方法で**やってくれるに違いない」と感じてしまうものです。ただ、実際にグループで活動をしてみると、現実はそこまで理想通りにいかない、ということがわかります。ものごとへの取り組み方について、誰もがそれぞれの意見やアイデアを持っているのです。グループというものはたいてい、柔軟な考え方ができる人を必要とするものです。なぜかというと、単純にそのほうが課題をやり遂げやすくなるからです。柔軟な思考こそ、**ソーシャルシンカー**であるための大切な要素なのです。柔軟な思考は、他の子のアイデアについて考え、別の方法で課題に取り組むことを可能にするものです。また、その思考のおかげで、私たちは日々の様々な問題を解決する「これまでとは違う方法」に気づくことができます。サムが今よりもっと幼い頃、彼は「ものごとが、決まりきった段取りで進んでいくこと」を好んでいて、実際にその段取りである程度はうまくいっていました。今、彼は少し年齢を重ね、ものごとが必ずしも思った通りには進まないという試練と向き合うようになりました。実際、私たちは歳をとればとるほど、こういう教訓を理解していく必要があるのです。「他の方法でもいいじゃないか！」という教訓を。

何が起こったのだろう？

この状況でサムは、「自分には、この課題を最も能率よくこなす方法がわかる」と確信していました。グループの他の子たちは、もう少し柔軟に考えていたのですが、サムはその考え方をかなり問題のあるものと決めつけ、怒りに任せてグループから離れていこうとしました。このためグループの仲間はとても強いいらだちと怒りを感じました。サムの融通のきかなさによって、課題が行き詰ってしまったからです。サムは、「グループから離れて自分一人でやっていこうとすれば、先生がそれを許可してくれて、その後は自分のやり方で取り組めるようになる」と思っていました。しかしそうはなりませんでした。先生は彼に、グループに戻るよう指示しました。今やグループの子たちは、サムは年齢の割に少し幼稚なふるまいをする人で、彼のせいで課題の進行が遅れてしまっている、と感じています。サムは、紋切り型になるという非常にまずい選択をしてしまったといえます。最終的に彼はとても不快な気分を味わうことになったのですから。

自分流のやり方が合っていない課題に取り組むときでも、自分の考えにこだわりすぎてしまう、ということはありませんか？　**ソーシャルフェイト**への道に入ってしまわないためには、頭を柔軟にしておくよう努めることが重要です。サムは、「グループから離れる」という方法の他に、どのような代わりの方法を試してみることができたでしょうか？

オプション：サムが、「柔軟に考えればいいのだ」ということをどのように理解したのか、確認してみましょう。本をひっくり返して、フォーチュン編の同じ状況を見てみるとよいでしょう。

あ、知ってる
やつらだ
やあ、リン、
アリシア
僕ももう小さい
子どもじゃないし、
友だちと出かけたり
したほうが
いいんだろうな
でも、このカバンに
入ってるミニチュアで
早く遊びたいん
だよなあ
うーん……
一人で遊んでばかり
いてもなあ。もう小さい
子どもじゃないし、
社会的ルールも
変わっていくし
ああボブ……
家に帰るまで
なかったわけ
何をするか
よぅし、お前を
ぶっ飛ばして
やるぜぇ～
おいおい、
冗談だろ？
意地悪心
恥ずかしい
周りの人の考え／気持ち
おまえ、
幼稚園児かよ
それ
オモチャ？
周りの人が自分をどう思うか
どっか行けよ……
おまえらより僕の
ほうが頭良いん
だからな
恥ずかしい／怒り
自分はどう感じるか

ソーシャルフェイト⑨　ルールを変えたのは誰？

社会的状況：休み時間

求められていない行動 社会的状況で自分は何を**する**か	自分の行動に対して、周りの人がどう**感じる**か	その感情に基づいて、周りの人が自分にどう接するか	周りの人の接し方について、自分はどう**感じる**か
・その状況で求められていないことであっても、自分が「したい」と思ったことをする ・一人で遊ぶ ・グループを避ける	・恥ずかしい ・意地悪心	・自分に向かって、意地悪なことを言ってくるかもしれない ・自分を避けるかもしれない	・恥ずかしい ・怒り

対応のヒント
油断しないで！ルールはどんどん変わる！

あなたと同じくらいの年齢の子の多くは、周りの子の「変わっているところ」を見つけると、その子をいじめようとしてきます。変わっていること自体は良いことだと思います。そして、「自分だけの楽しみ」は、周りに「**安全**な人」だけがいる場所（例えば家の中）では、どんどん味わえばいいのです。しかし学校には、人に意地悪するチャンスをひたすらうかがっている子もいるのです。多くの子は、小さかった頃と同様に、今でも「オモチャで遊ぶこと」を好んでいます。実際、大人にも、子ども向けの漫画を読み続けたり、その他の「子どもっぽい活動」を続けていたりする人はいます。ここでいじめ予防の秘訣として伝えたいのは、昔からの大好きな趣味をやめるということではなく、「社会のルールは年齢とともに変わっていく」ことを覚えておく、ということです。あなたが学校で、ある場所ではとても賢そうにふるまっていて、一方で別の場所では「年齢よりは子どもっぽいふるまい」をしていたとしましょう。そして、それら両方のふるまいを同級生に見られれば、たいていの場合、「あなたをいじめるネタを見つけた」と思われてしまいます。ラッキーなことに、このような問題に巻き込まれないためのストラテジー・コードがあります！　フォーチュン編に載っている、「ルール探偵」や「年齢相応ルール」といった作戦を見てみましょう。そして、それらのストラテジーによって状況がどう変わるかについて考えてみましょう。ストラテジーを使えば、あなたが嫌な気分になることは少なくなるでしょう。

何が起こったのだろう？

この状況でボブは、「自分はもう大きくなったのだから、ルールは変わっている」ということがわかっていました。にもかかわらず、「とにかく自分の好きなことをする」という選択をしてしまいました。これは典型的な紋切り型の例です。彼は、「自分の選択によって何が起こるか」について考えながらも、結局遊ぶことを選択したのです。オモチャを取り出すのは自宅に帰るまで待つ、ということは、決して難しいことではなかったはずです。彼の行動によって、友だちであるリンは「家に帰るまで待てなかったの？」と思いました。そしてリンは、ボブが恥ずかしい行動をしていると感じ、自分自身も恥ずかしくなりました。ボブがオモチャを取り出せば、周りの人たちは彼をとても幼稚なやつだと思うだろうと、リンはわかっていたのです。「周りの人から幼稚だと思われる」ということはつまり、「年齢の低い子用の社会的ルールに従って行動している、と思われる」ということです。なぜこのことが問題になるかというと、どんな子どもも、「年月が過ぎていくのに合わせて、年長者のようにふるまうこと」が求められるからです。ボブがオモチャを出すのを待てなかったことは、非常にまずいことでした。なぜなら、他人をからかおうとしている人間というのは、いつもどこにでもいて、「年齢によるルールの変化」を守ろうとしない子をからかうからです。その結果として怒りや恥ずかしさを感じるのはボブなのですから、嫌な話ですよね。

あなたが好きなものは、年下の子が好みそうなものですか？　好きなこと自体は別に何の問題もないのです。ただ、成長するにつれて社会的ルールは変わるということ、選択に気をつけなければいけないということは、知っておくべきです。その選択が原因となり、自分が最終的にどんな気分になるかが決まってくる、ということも覚えておきましょう。

彼、素敵だわ
超お腹すいた
昼食に固ゆで卵って、サイコー
R
卵食べてるの？
そうだけど、何？
卵って吐きそうになるんだよな
放し飼いの鶏の卵はまだマシだけど
これ、言っておいたほうがいいかも
何をするか
その卵、放し飼いの鶏のものじゃなければ食べないほうがいいよ
知らないだろ？
このニワトリくん、誰？
おちょくってんの？
不愉快
不愉快
周りの人の考え／気持ち
ニワトリくん！ニワトリくん！ニワトリくん！
周りの人が自分をどう思うか
こいつらはバカだ。人の気持ちがわからないやつらだ
放し飼いの鶏は何もおかしくない
怒り／恥ずかしい
自分はどう感じるか

ソーシャルフェイト⑩　そこは方向転換じゃない？
社会的状況：アイデアや意見を共有する

求められていない行動

社会的状況で自分は何を**する**か	自分の行動に対して、周りの人がどう**感じる**か	その感情に基づいて、周りの人が自分にどう接するか	周りの人の接し方について、自分はどう**感じる**か
・自分の意見や知識に基づいて、同級生に「何をすべきか」を伝える ・同級生に「何をすべきでないか」を伝える ・周りの人が自分をどう思うかについて、考えることを忘れる →	・不愉快 ・怒り →	・失礼なことを言ってくるかもしれない ・次から自分のことを避けるようになるかもしれない ・自分の言ったことを他の人に言いふらすかもしれない →	・怒り ・不満 ・恥ずかしい

対応のヒント
雲行きが怪しくなったら方向転換

当たり前のことですが、「自分はこのことには詳しい」と思うようなことが、たいていはあるものです。そして、もしかしたらあなたは特に物知りな人かもしれませんね！　ただ、同級生が周りにいるときは、自分が物知りかどうかというのは大して重要な事柄ではないのです。社会的な状況で自分の意見を主張したり、事実をはっきりと述べたりすると、たいていの10代の子はいらだってしまうだけです。だからといって、何も「自分の意見を持つな」という意味ではありません。周りの人に自分の意見を伝えるべきタイミングはいつなのかを理解しなければならない、ということです。10代の子は、「君がしていいことはこれだよ」「してはいけないことはこれだよ」と言ってくるような子をかなり嫌います。この話、ピンと来ますよね。あなた自身も、他の子からそのようなことを言われるのは嫌でしょうから。そういうときはたいていイライラするものです。ただ、イライラの他にもっと現実的な問題も起こります。「周りの人たちは、あなたの発言によって動揺したり気分を害したりすると、あなたの嫌がるような接し方をしてきやすくなる」という問題です。周りの人に言ったことがどのように受け取られるか、あなたの態度がどのように受け取られるかを頑張って考えて、嫌な思いをしないで済むようにしましょう。

何が起こったのだろう？

サムは「大事なことだから指摘しよう」と判断したわけですが、それをすると周りの同級生から「いばっている」と思われる、ということは考えなかったわけです。指摘された子は２人ともかなりイライラし、サムへの悪口を言い出しました。サムの鶏に関する意見について言葉を返すだけではなく、サム自身をからかい出したのです。ここで問題となるのは、一度このようなやりとりが起こると、周りの子たちがそのやりとりについて覚えてしまう、ということです。その子たちはあなたの反応を面白がるために、このやりとりについて何度も話題にしてくるかもしれません。サムが自分の考えを言わなければ、こんなにも面倒なことにはならなくて済んだのです。あるいは、もし「卵または鶏についてのサムの考え」を同級生のほうから尋ねてきたのであれば、そのときは別に自分の意見を言ってもよかったのです。ややこしく感じられるかもしれませんね。でも、上にある対人行動マップを見ればわかるとおり……この状況で怒りと恥ずかしさを感じたのはサムだけ、という結果になっていますよね。

もし、「自分は正しい」「だから、大事なことを周りの人にはっきりと指摘する必要がある」と感じたときは、少し立ち止まって「周りの人は自分のことをどう思うだろう？」と考えてみてください。もし「自分こそが正しい」と強く主張してしまったら、あなたは周りの人をいらだたせたり傷つけたりするかもしれません。その人たちは、今後あなたの嫌がるような接し方をしてくるかもしれません。不幸なことに、人は他の誰かによって一度気分を害されると、友だちにその不満を話してしまうことがあります。そして、気分を害してきた相手と敵対するグループを作り、その相手にひどい嫌がらせをするようになる場合もあるのです。

ソーシャルフェイト

社会的状況

重要：以下にリストアップされた行動は順不同です。例えば、「一番目の枠の一番上に書かれた行動が、二番目の枠の一番上に書かれた感情と対応していなくてもかまわない」ということです。

求められていない行動

社会的状況で自分は何を**するか**	自分の行動に対して、周りの人がどう**感じるか**	その感情に基づいて、周りの人が自分にどう接するか	周りの人の接し方について、自分はどう**感じるか**
・	・	・	・

ソーシャルフェイト
社会的状況
重要：以下にリストアップされた行動は順不同です。例えば、「一番目の枠の一番上に書かれた行動が、二番目の枠の一番上に書かれた感情と対応していなくてもかまわない」ということです。
求められている行動
社会的状況で自分は何をするか
自分の行動に対して、周りの人がどう感じるか
その感情に基づいて、周りの人が自分にどう接するか
周りの人の接し方について、自分はどう感じるか
ソーシャルフェイト

10代のための ソーシャルシンキング・ライフ

Social Fortune or Social Fate

場に合った行動の選択とその考え方

パメラ・クルーク／ミシェル・ガルシア・ウィナー 著
Pamela Crooke & Michelle Garcia Winner
黒田美保／稲田尚子 監訳
高岡佑壮 訳

フォーチュン編
ハッピーエンドへの道

金子書房

Social Fortune or Social Fate

A Social Thinking® Graphic Novel Map for Social Quest Seekers

By Pamela Crooke and Michelle Garcia Winner

Originally published in English in 2011 by Think Social Publishing Inc. Santa Clara, CA USA www.socialthinking.com
Pamela Crooke and Michelle Garcia Winner each assert the moral right to be identified as the authors of this Work.
Japanese translation rights arranged with Think Social Publishing, Inc., San Jose, California Through Tuttle-Mori Agency, Inc., Tokyo

「秘密のメッセージ」がわかりましたか？　正解は
YOU ARE A SOCIAL THINKER !（きみはソーシャルシンカーだ！）

ストラテジー・コード（フォーチュン編に登場します）

ページ

作図／ミヤジュンコ

日本の読者の皆様へ

学校に通う子どもたちが、国語・算数・理科・社会を学習しやすいよう、それぞれの概念を明示的に教わることは世界共通ですが、他者の感情や社会的振る舞いなどの学習については同じことはいえません。子どもは早くも１歳にして、基本的な社会的概念を直感的に理解していることが期待され、３歳までにはさらに複雑な社会的概念――例えば、ある状況では求められているが、別の状況では求められていない可能性のある行動に気づくこと――を能動的に習得しようとしていると見なされています。年齢を重ねるにつれて、子どもは、人々が特定の状況で果たす様々な役割に基づいて、社会的行動に対する期待が変化することを学びます。ひいては、社会的期待が文化に結びついていることも学びます。10代を迎える頃には、今度は、自分たちが属する文化は国、言語、地域によって規定されていること、そして、世界中の文化は果てしなく多様であることを知るのです。一方で、身の回りの世界をじっくりと見てみれば、自分たちの文化の中にも多様性があることに気づきます。10代前後の子どもたちは、自分自身を一人の人間として定義したいために、たいていは似たような価値観――着るもの、遊びやスポーツ、出かける場所、仲間うちで交わす言葉、それから音楽の趣味など――を共有できそうな同年代のグループに属します。さらに10代から青年、成人になっても引き続き、社会的認識と他者の感情への応答に磨きをかけることが求められます。これを世界共通語で「成熟」と呼ぶのです。

にもかかわらず、こうした社会性の成熟は生まれながらに約束されたものではありません。「定型発達脳」の人々の社会的能力は、活発で絶え間ない他者の感情への気づきと、社会的に洗練されてさらに微妙なニュアンスを伴った応答能力とに基づいて、生涯を通して進化すると考えられています。しかしながら、誰もが優れた社会的脳（social brain）を備えて生まれてくるわけではなく、脳の障害によって能力の一部を失う人もいるのです。脳が原因で、社会的能力の発達がより困難になっている人々には、対人世界の様々な側面がどのように機能しているかをメタ認知によって理解する方法を（文字とイラストで）教えることが重要になります。次々と降りかかる社会的状況を乗り越え対応できるようになるには、それが助けになるのです。対人世界における暗黙の期待と、それが年齢とともにどう変化し、レベルアップしていくかを読み解くことが、ソーシャルシンキング・メソドロジー®の仕事です。

人間関係の発展、社会的期待、社会的反応に関しては、あらゆる文化に共通した社会的価値観があります。本書『10代のためのソーシャルシンキング・ライフ』（原題“*Social Fortune or Social Fate*”）では、私たちみんなが互いにどう影響を及ぼし合っているか――活発な対人的やりとりの輪から外れて、ただ同じ場所にいるだけであっても――を教えることに焦点を当てています。私たちはこの影響のことを**社会的感情の連鎖反応**と呼びます。状況とそこにいる人々に基づいた社会的期待があることを、この概念を通して教えています。ある人がその状況でとる行動（求められている行動、あるいは求められていない行動）は、他の人がその行動についてどう感じるかに影響します。それは、他の人がその行動にどう反応するかにも影響し、さらには他の人に対してどう反応し応答するかにも影響するという、社会的感情の連鎖反応を引き起こすのです。人は、求められている行動をすると、周りの人たちが穏やかで、自分に対してよくしてくれるかもしれないことに気づくものです。これにより、周りの人たちと一緒にいることを肯定的に感じられるようになります。しかしながら、同様の状況で、その人が求められていない行動をすれば、自分の行動によって周りの人がストレスを感じたりイライラしたりしているらしく、それで自分に否定的に接するのだと気づくことになります。最後には、自分に対する周りの人の態度に腹を立て、その結果、自分も周りの人に否定的に接してしまうのです。

社会的感情の連鎖反応は、介入の枠組み――私たちが「対人行動マッピング」と呼んでいるもの――を通して明示的に教えられる、非常に優れた概念です。この『10代のためのソーシャルシンキング・ライフ』が特別なのは、世界中の10代前後の子どもたち向けに考案されたものである点です。10の異なる社会的場面とそこで生じる社会的感情の連鎖反応を漫画で描くことによって、読者は自分の年代に関連したイメージを通して社会的場面に引き込まれ、様々な状況で私たちがお互いにどう影響を及ぼし合っているかを学習していきます。ソーシャルフォーチュン（求められている行動をした場合）とソーシャルフェイト（求められていない行動をした場合）、どちらの展開を読み進めても、子どもたちは漫画と解説の両方を通して、抽象的な対人情報をひもとくことを学んでいくのです。また、10代の多くがゲームが大好きなことから、「ストラテジー・コード」も取り入れてみました。

当初、ソーシャルシンキングでは、社会的学習に困難はあるけれども言語能力は十分に高い人たち（高機能の自閉スペクトラム症、アスペルガー症候群、ADHD、特異的言語障害、感覚処理の困難のある人など）に明示的に教えるための教材を制作したのですが、私たちはすぐに、定型発達の子どもたちもまた具体的な指導方法で対人的・社会的情報を教わることで恩恵を得られるのだとわかりました。学校の先生方（校長先生も含めて）も、対人世界の抽象概念を言葉で説明することは、あらゆる生徒にとって、より困難な対人問題や葛藤の解決に臨む際の助けになることに気づきました。自分たちの生徒が『10代のためのソーシャルシンキング・ライフ』でいかに楽しく学習しているか、世界中から私たちのもとへ声が寄せられています。

これまで一緒に、ソーシャルシンキングのメソドロジーの多様な側面を解説する本を英語から日本語に翻訳するために取り組んできた、金子書房の編集担当者、天満綾氏に感謝を伝えたいです。前著に続き、自閉スペクトラム症分野の第一線の専門家のお二人、黒田美保先生と稲田尚子先生に、本書の監訳を依頼していただきました。お二人は、正式な診断のない子も含め、対人関係に難しさを感じている日本中の子どもたちの支援に情熱を注がれています。社会的感情の学習に取り組む方々と数多く接し、十分な理解をされているお二人だからこそ、言葉のニュアンスや文化的な面に配慮された翻訳がかなったのだと思います。あわせて、翻訳にお力をいただいた高岡佑壮先生に感謝を申し上げます。また、世界中でエビデンスが認められている、この10代のための知見を日本の人々と分かち合えるようにしていただいた、発行者の金子紀子氏にも感謝を申し上げます。

著　者

CONTENTS

この本の使い方――最初に伝えておきたいこと

さっそく漫画のページから読み始めたいですよね。でも、その前に、いくつか大事なことを伝えさせてください。この本には様々な読み方があるので、最初にそれを全部お知らせします。この本には、漫画・対人行動マップ・隠れた文字・感情メーター、そのほか、あなたに見てほしいいろいろなものが登場します。この本をめいっぱい楽しむために、少し我慢して続きを読んでください。

あなたに知っておいてほしい大事なことは、この漫画形式の対人行動マップが、すべて「**選択**」に関するものだということです。私たちが普段の生活の中で、いったいどのくらいたくさんの選択をしているか、考えてみたことはありますか？　その数はとても数えきれるようなものではないですよね！　つまり、「朝の歯みがきにどのくらいの時間をかけるか」「この靴下のもう片方を探したほうがよいか」「弟に触らせないためにはゲームのコントローラーをどこに置いておけばよいか」といった、ちょっとした選択がたくさんあるのです。そして選択は、家の中だけ、あるいは、何らかの「物」に関してだけするとは限りません。私たちは一日中、「周りの人に何を言うか（あるいは言わないか）」「グループに入るべきかどうか」「いつ激しく怒り、いつ気持ちをクールダウンするか」などについて、選択を続けているのです。

「もう片方の靴下を探すかどうか」といった取るに足らない選択もありますが、かなり重要な選択もありますね。社会的状況での選択は特にそうです。それこそがこの本の内容なのです。つまり、「社会的状況での社会的選択」と、「それがなぜ重要なのか」についてまとめられているのです。けれども、まずは、この本でいう「社会的状況」が何を意味するかについて考えてみましょう。

避けては通れない……それは、どこにでもあるのだから

朝から晩までどんな場所にいても、場所ごとに異なる「何をすべきか」という決まり、あるいは「どんな言葉を言うべきか」という決まりがあると意識したことはありますか？　そして、「自分に何が求められているか」は、そのときに自分がいる場所や、そのとき周りにいる人々によって決まってきます。どんなときもあなたは、身の回りのものごとによって決まってくる様々な種類の社会的行動をするよう求められていて、そのようなものごとが「社会的状況」と呼ばれるのです。このことをもう少し詳しく説明するため、いくつかの例を挙げます。これらは単なる例に過ぎないので、実際にあなたがいる状況で求められていることとは少し違っているかもしれませんね。

社会的状況１：家で家族と夕食をとる

場所：家
時間：夜
そこにいる人：おそらくは家族全員
求められていること：家庭による。どの家庭にも食事の時間の「ルール」がある。
テーブルについて、フォークとスプーンで食事をとり、片づけは自分でする、などなど。家庭ごとに違いはあるので、そこで求められることは同じではない。

社会的状況２：学校で昼休みを過ごす

場所：学校
時間：日中
そこにいる人：学校の生徒
求められていること：校庭に出ること、食べるものによって手を使うかフォークを使うか決めること、校内を歩くこと、本を読むこと、などなど。
学校や生徒の年齢によるが、どの学校にも、生徒が理解しなければならない「ルール」がある。

社会的状況３：授業で質問をする

場所：学校
時間：教室にいる時間の大部分
そこにいる人：学校の生徒と先生
求められていること：授業によるが、多くの先生は「質問する前に手を挙げて、当てられるのを待つ」ということを求めている。

重要：どんな社会的状況でも、私たちはみんな、そこでのルールを理解・推測しなければならない！

ルールは隠れていることもあります！

どんな社会的状況でも、その時、その場所で **OK**（求められている）、あるいは **OK ではない**（求められていない）行動や発言というものがあります。実際私たちは、新しい社会的状況に入っていくときはいつも、その特定の場所でのルールを理解しようとしているのです。それは、一人の例外もなく私たちの誰もがしなければいけないことなのです！　ルールの中には、簡単に理解できるようなわかりやすいものもありますが、「はっきりと説明されないもの」または「隠れているもの」もあります。例をいくつか挙げましょう。

社会的状況：学校の廊下で、他の生徒たちの間を通り抜ける

明らかなルール：廊下の床を這(は)ったり滑ったり転がったりすることなく、歩くことが求められる。
隠れたルール：混雑した廊下で、生徒同士がついお互いにドンとぶつかってしまうこともある。生徒たちは、教室では良しとされないが廊下では認められていること（大声で話す、ふざけるなど）をするかもしれない、などなど。

どの社会的状況にも、明らかなルールと隠れたルールがあり、それらのルールを理解するためにはその場でいろいろやってみること（試行錯誤のことですね！）が必要な場合があるのです。その状況での隠れたルールや、自分に求められていること／求められていないことをいったん理解すれば、そのときに何らかの選択をする段階に入ることになります。

ルールを理解してから、何を言うか／するか、あるいは何を言わないか／しないかを選択する、というのが重要なポイントです。コツは「自分に求められている事柄を理解し、それから、その事柄を実行するために選択を下す」ということです！　次に、社会的状況で人々が選択を下す方法をいくつか見ていきましょう。どのタイプの選択の仕方が一番しっくりくるか、少し考えてみてください。意識しておいてほしいのは、周りに人がいる状況では必ず、「どのような選択を下すか」によって「その行動が周りにどう思われるか」が決まってくるということです。

1.　自動運転型

このタイプの人は、社会的状況を意識することを忘れていて、自分の頭を自動運転状態にしています。このような人は自分の選択についてあまり悩むようなことはなく、とにかく素早く、あるいは「自分の言動が周りにどう影響するか」を考えずに反応するのです。その素早い反応は、他人を傷つけたり、怒らせたり、困らせたりする原因となるので、本人が最終的にとても困惑したりいらだったりする場合が多くなります。あとで、このタイプの例がいくつか登場します。

2.　紋切り型

周りの状況について少し考えるものの、選ぶ方法がいつも同じ、という人もいます。これは、「社会的状況について理解しようとしつつも、自分の選択が周りに与える影響については意識し忘れている（あるいは、意識していない）」というタイプの選択の仕方です。言い換えると、このような人は、自分の考えこそが自分に

とって最善のものである、または最もストレスの少ないものである、あるいはより心地よいものである、と思っているだけです。このタイプの例についても、本書の中でたくさん紹介します。

3. 運まかせ型

社会的選択をする際に自分では考えたがらず、その代わりに運に身を任せ、「どちらにしようかな、天の神様の言うとおり」と決めてしまう人もいます。この方法にはいくつかの問題があります。まず、「どちらに……」と呪文を唱えて選択を下そうとする様子が格好悪い、ということです。学校の廊下や家の中を歩きながら、いちいち呪文を唱えて、それに従って選択を下すわけですから。それに、この方法の成功率は50%しかなく、ベストな方法とはとてもいえません。この本に運まかせ型の例はないし、そういう人を実際に見たくもないですしね。

4. ソーシャルシンカー

このタイプの人は、自分が何をして何を言うべきかを判断するために、社会的状況について**考えて**理解を深めようとし、なおかつ「ストラテジー・コード」を使います（これについては後ほど詳しく説明します）。この本では、このタイプの思考の例をたくさん紹介します。社会的状況ですべきことを理解するためにソーシャルシンキングを活用する登場人物が出てきます。

この本では、３人の登場人物（ボブ、リン、サム）が、「自分たちは、『何をして、何を言うべきか（あるいは言うべきでないか）』について選択しなければならない社会的状況の中にいるのだ」と気づきます。彼らが自分に求められていることをした場合、「**ソーシャルフォーチュン**」（＝ハッピーエンド）への道を示すマップに沿って進んでいることになるのです。もし彼らが自分に求められていないことをした場合、マップが示すのは「**ソーシャルフェイト**」（＝バッドエンド）への道ということになります。まず、この「道」という言葉と、この特別な「マップ」が何を意味しているのかを説明していきます。

「マップ」と「道」

マップ（地図）がどんなものかは知っていますよね？　この本でいうところのマップはそれとは異なります。この本では、３人の登場人物が、マップを使って自分自身について理解していきます。私たちはそのマップを「対人行動マップ」と呼んでいます。このあと、さらに学んでいくことになりますが、ひとまずはこのマップを「２つの分かれ道から成るもの」と考えるのが最もわかりやすいでしょう。前に言ったとおり、もし何らかの社会的状況でその人が求められている選択をした場合は、「ソーシャルフォーチュン」への道をたどることになりますし、求められていない選択をした場合は、「ソーシャルフェイト」への道をたどることになります。素晴らしいことに、この本ではそれぞれの登場人物が選択をし、それによってどちらの道にも導かれていく様子を目の当たりにすることになります！　登場人物たちの選択に基づいて、彼らの周りで起こる事柄がどのように変化するのか見てみましょう。

ここで、マップがどのような役目を果たすものなのか、説明しますね。マップは必ず「社会的状況」とセットになる形で始まります。覚えておいてほしいのは、社会的状況とは周りに他人がいるあらゆる状況のことを指し、そこには「何を言うべきか／すべきか」についてのルールが存在するということです。

対人行動マップ

このマップは一本の線をたどっていくもので、いわゆる地図とは少し違います。左側のマスからスタートして、右側のマスへと１つずつ進んでいきます。このマップをどのように使うかによって、自分が「ソーシャルフォーチュン」への道をたどるか、「ソーシャルフェイト」への道をたどるかが決まっていきます。ページをめくって、マップの最初のマスを見てみましょう。

1. あなたが何をするかによって、他の人がどう感じるかが決まってくる

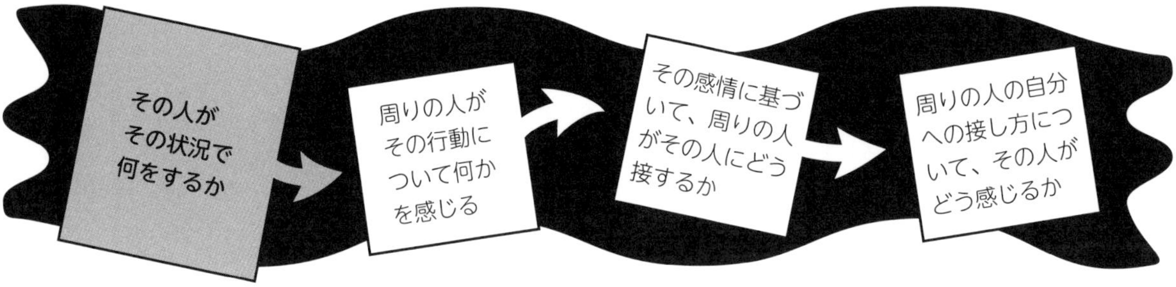

この道の最初のステップは、社会的状況で「**その人が何をするか**」だということがわかりますね。このステップで、この本の登場人物（あるいはあなた）は、どのような社会的行動をするか「**選択する**」ことになります。その選択は、自分の体を使った動作や、表情の動きや、口にする言葉／口にしない言葉として表れるのです。この最初のマスは、その人が（最初のマスで）したこと／言ったことに対する周りの人の考えや感情に直接つながっていく、ということが、そのあとの流れを見ればわかります。次に、それが具体的に何を意味するかを示した例をご紹介しますね。

2. 周りの人が、あなたのしたことについて何らかの感情を抱く

１つ例を挙げます。

社会的状況：もう寝る時間で、お母さんがボブに「テレビを消して」と言う

ボブがしたこと：「はい、お母さん」と言って、テレビを消した。

お母さんの考え　　　お母さんの感情：穏やか

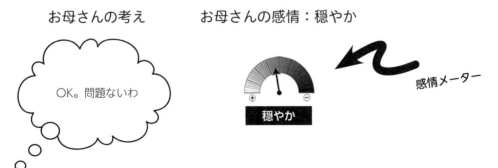

さて、ボブのお母さんが、自分の指示に対するボブの反応に対して何らかの考えを抱くことは明らかです。この場合、ボブのお母さんはボブの言葉と行動を良いもの、望ましいものと考えました。お母さんだけではなく私たちも同じように考えますよね。社会的状況で私たちが何かをしたり言ったりすると、周りの人はそれに対して

何らかの考えを抱きます。**そして**、その考えは感情とつながっているのです！　そういうわけで、お母さんの考えのすぐそばに感情のメーターが描かれているのです。

3. あなたの行動をどう感じるかで、周りの人のあなたに対する接し方が決まってくる

わかってきましたね。もう少し先のマスに進んでみましょう。社会的状況で、私たちの周りにいる人たちが抱く考えや感情は、「その人たちが私たちにどう接するか」にとても影響してきます。３つ目のマスを見てみましょう。

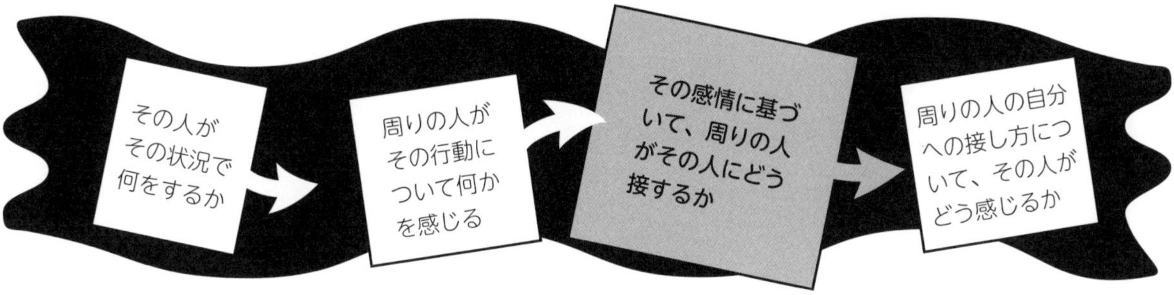

お母さんは穏やかな気持ちになりました（これはいつどんな状況でも、望ましいことです)。そして、穏やかな気持ちになったからこそ、お母さんの反応も穏やかなものになるのです。例えば、「テレビを消してくれてありがとう」と言ったりするかもしれないし、ボブに小言を言わずに部屋を出ていくかもしれません。「小言を言われない」というのは、彼にとって大変な成果です！

4. 周りの人のあなたに対する接し方によって、あなたが自分自身についてどう感じるかが決まってくる

このマップのゴールは、周りの人のボブへの接し方をボブがどう感じるか、です。これについては、この本の「感情メーター」のところで、より詳しく見ていきましょう。

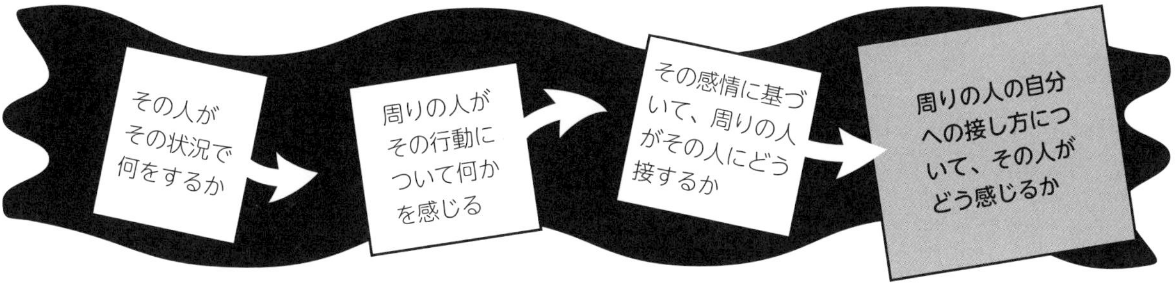

上の例では、ボブはお母さんの自分への接し方に対して、自然と「穏やかな」「リラックスした」気持ち、あるいは「幸福な」気持ちさえも感じています。

社会的状況：もう寝る時間で、お母さんがボブに「テレビを消して」と言う

ボブがしたこと：「はい、お母さん」と言って、テレビを消した。

お母さんの考え　　　　お母さんの感情：穏やか

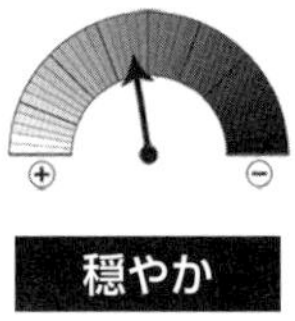

お母さんのボブへの接し方：今日はお小言がなかった！

小言を回避できて、ボブがどう感じたか

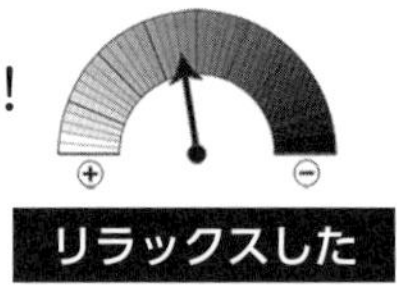

感情メーター

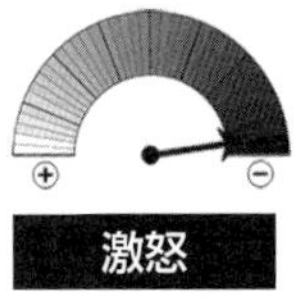

この本のあちこちに、感情メーターが登場します。リン、ボブ、サムの様々な選択は、周りにいる人たちに必ず何らかの気持ちや感情を抱かせることから、メーターがとても重要になってくるのです。矢印が左に振れているときは、その人が「良い」「素晴らしい」「誇らしい」、あるいは他のポジティブな感情を抱いていることを意味します。ここに描かれている例のように、矢印が中央にあるときは、その人は「平常心」「穏やか」「問題ない」といった感情を抱いています。矢印が右のほう、つまり、より黒いほうに振れているときは、その人は「怒り」「イライラ」「激怒」といったような、ネガティブな感情を抱いています。これは私たちにもあなたにも、全員に当てはまることですが、社会的状況で何かを言ったりしたりするときに、私たちは必ず周りの人に何らかの考えや感情を抱かせているのです。そういうわけで、マップの二番目のマスでは、誰かの行動に関する周りの人の考えや感情を示しています。

これが全部、あっという間に起きるということ !!!

マップを見てわかるように、すべては社会的状況で登場人物が行う選択から始まります。そしてここで、とても重要なことを伝えますね。現実の世界では、これはたった１～２秒のうちに進んでいくのです！

求められている行動／求められていない行動——対人行動マップの２つの面

さて、ここまででこのマップの主な内容について述べてきましたが、他のいろいろなマップと同じように、このマップに描かれた道はたったひとつだけというわけではありません。このマップには２つの道があります。ひとつは「**ソーシャルフォーチュン**」への道。先ほどの例でボブがたどった道です。この道で起こる出来事は、そこをたどった人が自分自身についてプラスの感情を抱くことにつながるような出来事です。たいていの場合はこの本の登場人物にとってとても嬉しい結果が生じるようになっています。ソーシャルフォーチュンへの道は、時として「**求められている**」道と呼ばれます。登場人物たちが、周りの人に「OK」「いいね」「すばらしい」と感じてもらうために、その社会的状況でやるべきことを理解し、時と状況に合っている行動をするからです！

もうひとつの道、つまり「**ソーシャルフェイト**」への道は、「**求められていない**」道とも呼ばれます。登場人物たちが、その社会的状況で選択した行動によって周りの人を困らせ、周りの人に「自分にとって嬉しくない接し方」をさせてしまうという、望ましくない結果になってしまうためです。

それぞれの道の例です。

社会的状況：もう寝る時間で、お母さんがボブに「テレビを消して」と言う

ソーシャルフォーチュンへの道　　　ソーシャルフェイトへの道

（求められている道）　　　（求められていない道）

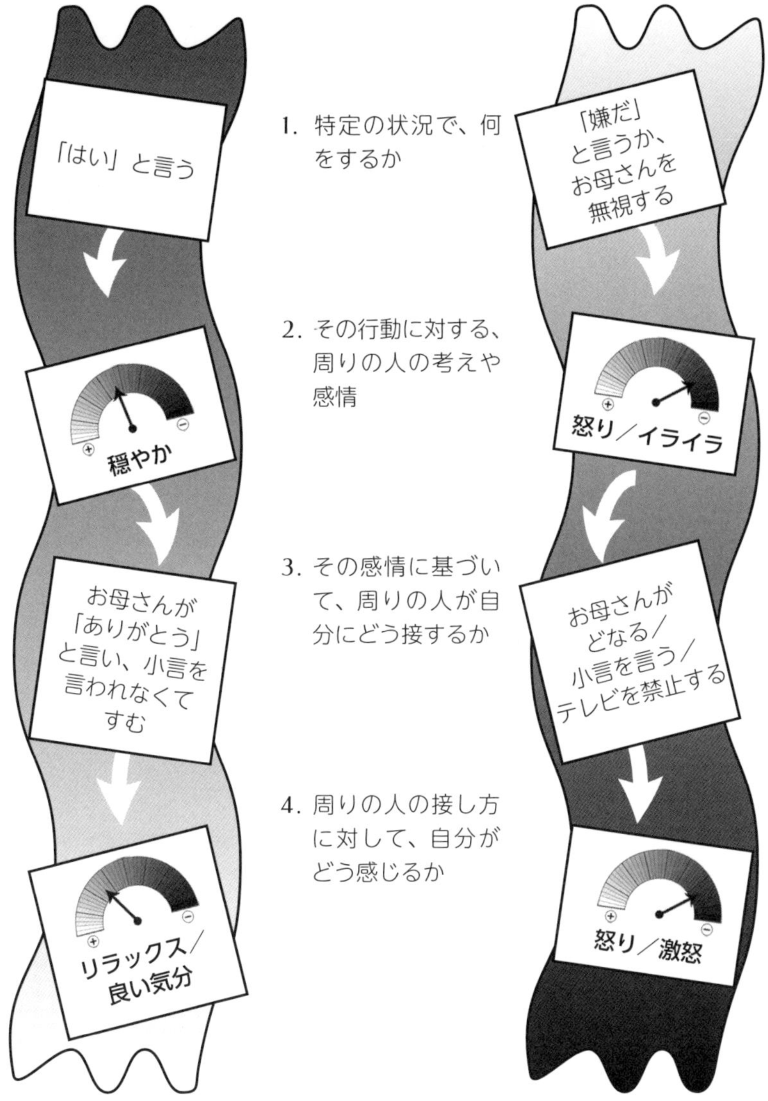
「はい」と言う
穏やか
お母さんが「ありがとう」と言い、小言を言われなくてすむ
リラックス／良い気分
1. 特定の状況で、何をするか
2. その行動に対する、周りの人の考えや感情
3. その感情に基づいて、周りの人が自分にどう接するか
4. 周りの人の接し方に対して、自分がどう感じるか
「嫌だ」と言うか、お母さんを無視する
怒り／イライラ
お母さんがどなる／小言を言う／テレビを禁止する
怒り／激怒

さあ、最初の選択です！

この本はいくつかの読み方ができます。もし最初に「**フォーチュン編～ハッピーエンドへの道～**」のほうを読み、「**フェイト編～バッドエンドへの道～**」のほうは後に読むことにすると、どの登場人物も優れたソーシャルシンカーで、**ソーシャルフォーチュン**にたどりつくことのできる人たちであると感じるでしょう。もし逆に「フェイト編」から読み始めたら、この本で伝えようとしている「選択」の力というのがどういうものか、よくわかると思います。「フェイト編」では登場人物たちが、「フォーチュン編」とは別の選択をして、**ソーシャルフェイト**への道を進みます。そこではほとんどすべてのページで、「自動運転型」や「紋切り型」になっている登場人物たちを見ることになるでしょう。しかし、この本にはさらにもうひとつの読み方があります。片方の漫画を一話読んだら、本をひっくり返して、もう片方の同じストーリーを読み、登場人物たちが違う選択をすると

どうなるかを確認するということもできるのです。ソーシャルフォーチュンあるいはソーシャルフェイトに向かう道で、社会的状況自体はまったく同じです（上半分の４～５コマ）。登場人物たちがどちらの道に進むかは、上半分の続きのコマ（「何をするか」）でどんな選択をするかによって決まります。その選択が少し違うだけで結果がそれほどまで大きく変わってくるというのは驚きですが、実際そうなのです！　とにかく、この本をどういう方法で読むか自体は大した問題ではありません。好きな読み方で大丈夫です。ちなみに、ご両親や学校の先生もいくらか学べるところがあるかもしれないので、この本のことを教えてあげてくださいね。

知っておくべき、本当に大事な３つのこと！

1 周りの人たちが自分のことをどう思っているかについて考える

１つめに大事なことは、私たちは会話をしていないときでもお互いのことについて考えているということです。同じ教室で座っているだけのとき、あるいは廊下ですれ違うときでも、です。人は、他人が自分をいい気分にさせてくれたときのことも、不快な気分にさせられたときのことも覚えています。実際、自分が困らされたり嫌な気分にさせられたりしたときのことは特によく覚えていることが多いのです。自分自身の、何らかの社会的状況に関する経験について考えてみてください。誰かが自分を困らせたときのことについては、とりわけはっきりと思い出せるのではないでしょうか。誰かと一緒にいて良い気分でいられたときに、その人について普通の、あるいは良い印象を持つのは当然です。誰かが自分を困らせたり、ストレスを感じさせたりしてきたときは、嫌な気分になり、その人のことを変なやつだと感じて当然です。さて、ここからが大事なところです！私たちが周りの人に対してどう考えるかは、その人にどう接するかに直接影響します。私たちは、相手に良い印象を持っていたらその人に優しく接するし、不快な人だと考えていたら冷たく接してしまうものなのです！　自分だけではなく他人も同じです。あなたについて良い印象を抱いている人は、あなたに対してとても丁寧に接してくれるし、あなたのことを変なやつ、不快な人だと考えている相手は、最悪な接し方をしてくる場合が多いのです。

誰かの「行動」が周りの人を不快にさせたり、変だと思わせたりした場合、通常それは「問題行動」と呼ばれます。では、次は「問題」というものについて考えてみましょう！

2 問題の大きさ

単に問題自体が起こるという場合もあれば、他人を不快にさせる行動をする人によって問題が生じるという場合もあります。しかし「問題」と呼ばれるからといって、それを取り返しのつかない事態だと考えなければいけない、というわけではありません！　問題の大きさは問題によってそれぞれ違いますし、すべての問題の緊急度や重要度を同じレベルのものと見なして解決していかなければならないことはないのです。さほど大きくない問題（レベル１・２・３程度）は、「ドジ」と呼ばれたりするようなものです。ドジというのは、例えば鉛筆の芯が折れたり、運悪く人とぶつかったりするようなことです。中程度の大きさの問題（レベル４・５・６・７程度）は、例えば携帯電話をなくしたり、誰かのことを「バカ」と言ってしまったりするようなことです。大きな問題（レベル８・９・10程度）は、多くの人を困らせてしまうもので、誰かの健康面の問題やお金の問題の原因になることが多いです。例えば家族の誰かが交通事故に巻き込まれたり、親が仕事を失ったり、大規模な自然災害が起こったり（近くで地震や台風が起こるなど）するのは、大きな問題ですね！　問題の大きさを理解するのはとても重要です。どの大きさの問題に対しても過剰に反応していたら、周りの人が困ったり、不快に思ったり、イライラしたりしますよね。問題に対して大きく反応することは、自分の感情をとても強く外に吐き出していることを意味するのです。さて、ここで質問です。あなたが本当に困ったと感じたとき、自分の感情をどの程度外に出し、どの程度心の中に留めておくとよいでしょうか？　次はそのことについて説明しましょう。

3 感情表現コントロール

例えば４歳の子どもは、すごく取り乱したり、すごく喜んだりしますね。でも、年齢が上がると事情は変わってきます。私たちは、自分の感情表現をコントロールすることを求められるようになるのです。特に、学校のような公共の場ではそうですね。社会的なルールと、周りから求められる「何をすべきか」の内容は、年齢に合わせて変わってくるし、私たちはそのことを理解する必要があります。それは、「私たちは感情を持たなくなる」ということではありません！　私たちは学校に通うようになっても、取り乱したり喜んだりします。ただ、感情を抑えることを周りから求められるから、取り乱すようなことがあっても、比較的落ち着いているように受け取られるだけなのです！　私たちはこれを「**感情表現コントロール**」と呼びます。簡単に説明すると、心の中で気持ちが激しく動いていても、人の前ではその気持ちをあまり出さないようにするということなのです。小学校高学年以上になると、感情を強く出すのではなく、控えめに出すことがますます望ましいとされます。例を挙げますね。例えばカイルという子が、あるときものすごく強い怒りを感じたとしても、彼がその怒りを少ししか見せなかったら周りの人は「問題ない」と感じる。でも、カイルがその感情を火山のように爆発させてしまったら、周りの人はその溶岩のような怒りに対して不快に感じるでしょうし、そのときカイルは新たな問題を生み出してしまったことになります。あるいは、もしチャンドラという子が教室で、何かでとても楽しいと感じたときも、バカみたいに大笑いしてその気持ちを解き放つよりも小さくほほえむだけにとどめておくのが、チャンドラに求められる最も望ましいやり方（この場合での、一番望ましい選択）となるのです。

感情表現コントロール（人前での感情表現は慎重に！）：人が何らかのとても強い感情を抱き、なおかつその感情の表現はひかえめにしておかなければいけないとわかっているとき、何度か深呼吸して、「人前で感情を爆発させると周りの人がとても不快に思う」という事実について考える、という方法を使うこともあります。

私たちは、小さな子どもに対しては、「問題の大きさ」というのは「人前で吐き出す感情の大きさ」とほぼ同じである、と教えます。もし誰かがレベル５の問題を抱えていたとき、小さな子どもであれば、レベル５程度の反応をして、困っているということを表現しても別にかまわないでしょう。しかし先ほど述べたように、小学校高学年くらいから成人に関しては、問題の大きさよりも小さめの反応をすることが求められます。レベル５の問題を抱えた場合は、それよりもかなり抑えた（例えばレベル１～３の）反応をして問題の解決を行うことが求められるのです。例えば、問題について伝える際に声や表情は穏やかにしておく、といったような解決法が求められるわけですね。

注意！：ものすごくネガティブな反応（とても取り乱しているような態度や行動を示すなど）をすると、先生や周りの生徒たちもまた取り乱し、結果として新たな問題を生み出してしまいます。誰もがその反応に対して何かしらの感情を抱くからです。例えばアントニオというガンコな子が、教室でかんしゃくを起こしたとします。先生はそのかんしゃくを受けて、気分を滅入らせてしまったり、心配したり、怒ったり、失望したり、悩んだり、イライラしたりするかもしれません。周りの生徒はアントニオに対して、不満に感じたり、怖がったり、気まずく感じたり、いらだったりするかもしれません。この感情の流れはアントニオの周りにいる誰にとっても喜ばしいものではないですよね。ここがポイントです！　このような感情というものはとても強い力を持っていて、だからこそ私たちは「注意！」のサインを出して、「気をつけて」ということを伝えます。感情への反応が起きる状況で、やるべきことを見失わないために。

重要：どうしても泣きたくなったり、どなりたくなったりする出来事というのもありますね。そのようなとき、自分の抱える問題の大きさを理解したり、自分が強烈な感情を抱いている理由を理解したりするために、誰かと話したいときもあるはずです。もし自分の置かれた状況とは無関係にとにかく感情をぶちまけたくなってしまったときは、家族の誰かや、学校の先生やカウンセラーに助けを求めるとよいでしょう。私たちは皆（大人も含めて）、「感情表現コントロール」をふまえておく必要があるし、周りの人たちはあなたを支えるためのいろいろな手立てを持っているのです。

この本のちょうど真ん中のページに出てくる、**「問題解決メーター」と「感情表現コントロール作戦（ストラテジー）」を確認してくださいね**。問題そのものの大きさよりも小さめの反応をする必要があることを思い出せるようになっています。

対人行動マップ、対応のヒント、ストラテジー・コード

左ページの漫画を読んだあとは、右ページにあるマップに注目しましょう。前のページで紹介した、４マスからなるマップを思い出してください。「右ページにあるマップ」というのはそれと同じものですが、ここではわかりやすいように書き込んであります。ページの上のほうに書かれた社会的状況を見て、それから４つの欄を見てくださいね。その欄というのが、例の「マップの４マス」です。これらのマスの中には、「対応のヒント」や「ストラテジー・コード」に当たる内容も含まれています。「対応のヒント」は、その社会的状況で起こった出来事についてのまとめです。「ストラテジー・コード」は、ソーシャルフォーチュンにたどり着くまでに登場人物たちが実践した対処法で、全部で12種類あります。この本の最初のほうにこれらの「ストラテジー・コード」がリストアップされていることに、すでに気づいたかもしれませんね。まだでしたら、今見てもかまいません。漫画を読んでいる間は、見るのを少し待ってくださいね。

隠れた文字

漫画のページにはどこかに必ず「隠れた文字」があります。全部で20の文字を見つけて、下の空欄に書き込んでいくと、「秘密のメッセージ」が現れます。例えば、フォーチュン編の２ページ目の漫画を確認してみてください。「Y」という隠れた文字があると、すぐにわかりますね。３コマ目の、男の子のシャツに書かれています。その他の文字はこんなに簡単ではありません。中には見つけるのがかなり難しいものもありますよ。

「フォーチュン編」からスタートしてみましょう。文字を見つけたら、紙かそのページに書いておくといいですよ。「フォーチュン編」のすべての文字を見つけたら、この本をひっくり返して、「フェイト編」の隠れた文字を見つけましょう。すべての文字を見つけたら、下の空欄にそれらを書いてみてください。そうすれば「秘密のメッセージ」が何なのかわかるはずです。

Y	___	___	___	___	___	___	___	___	___	___	___	___	___
フォーチュン p.2	フォーチュン p.4	フォーチュン p.6	フォーチュン p.8	フォーチュン p.10	フォーチュン p.12	フォーチュン p.14	フォーチュン p.16	フォーチュン p.18	フォーチュン p.20	フェイト p.2	フェイト p.4	フェイト p.6	

___	___	___	___	___	___	___	!
フェイト p.8	フェイト p.10	フェイト p.12	フェイト p.14	フェイト p.16	フェイト p.18	フェイト p.20	

（解答は「フォーチュン編」の最初のページの裏面に掲載）

自分自身についてはどう？

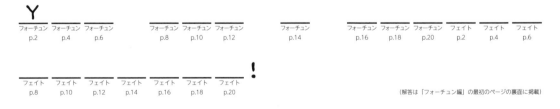

ここからが大事なポイントです！　この本を読んでいるとき、「登場人物たちがソーシャルフェイトに向かってしまう選択は何か」を判断するのはおそらく簡単だと思います。他人が「その状況で求められてい

ない行動」をしていることに気づくのはたやすいものです。でも、あなた自身についてはどうでしょう？　もしあなたがこの本で描かれているのと同じような状況にいたら、どちらの道を選ぶでしょうか？　ソーシャルフォーチュンへの道？　それとも、ソーシャルフェイトへの道？　ボブ、サム、リンと一緒に歩いていく中で、あなた自身の道についても考えてみましょう！

ところで、私たちのうちの誰もが、自分の人生全体を通して、**ソーシャルシンキング**（周りの人の考え／気持ちを考えること）とそれに関連するスキルを高めようとし続けています。自分の行動が周りの人にどう影響するかについて、もうすべて理解しつくした、と感じている人はいないはずです。ご両親や先生に、「社会的状況でやるべきことは何かについて、大人になった今もまだあれこれと考えなければいけないかどうか」を尋ねてみればわかることです。彼らが私たちと、そしてあらゆる人たちと同じように生きているのであれば、ソーシャルフォーチュンへと向かう道を歩き続けるため、自分のやるべきことや言うべきことについて正しく理解しようと、今も頑張り続けているはずです。

ただ、覚えておいてほしいのは、ソーシャルフェイトへの道に入ってしまうという事態も、人生の中では必ず起こるということです！　ときどき間違いをおかして誰かに迷惑をかけるというのは、いわゆる「人間らしさ」というものなのです。人はたいていの場合、周りの人に迷惑をかけたくないと思うものですが、まったく迷惑をかけずに生きることは不可能です！　迷惑をかけてしまったときは、問題解決のためのスキルを使って対応していきましょう。

つまりは、以前自分がしてしまった、自分をソーシャルフェイトに導いてしまった選択について振り返ってみることが重要なのです。今後もしそのときと同じような状況になったら、自分を確実にソーシャルフォーチュンに導いてくれそうな選択をすればいい。なぜかって？　「そうすると周りの人が自分を良く思ってくれるから」だけではなく、「あなたがあなた自身を好きになれるから」！

よく覚えておいてください。間違えること自体は問題ではないのです。間違いを通して学ばないことが問題なのです。

最後のアドバイス：もし運悪くソーシャルフェイトへの道に入ってしまっても、うろたえないこと（つまり、落ち着いてください)。正しい道に戻るひとつの方法は、怒ったり傷ついたりした人に謝ることです。謝るというのは、「自分は間違いをおかしたけれど、あなたのことを悪く思ってそうしたわけではない」と相手にわかってもらう方法なのです。

主な登場人物

10代のための Social Fortune or Social Fate
ソーシャルシンキング・ライフ

場に合った行動の選択とその考え方

フォーチュン編
ハッピーエンドへの道

今日は海にいる哺乳類について勉強します
海の哺乳類のことなら、他の誰よりも知ってるぞ
海の哺乳類について本が書けそうなくらいだ
何をするか
ボブ、答えがわかりますか？
はい、正解。よく覚えてますね
ばっちりです
穏やか／誇らしい
周りの人の考え／気持ち
あら、ボブは物知りね。グループ活動で頼りになりそうだわ
やったぜ
誇らしい
周りの人が自分をどう思うか
自分はどう感じるか

ソーシャルフォーチュン①　よく知ってるよ

社会的状況：クラスでの話し合いに参加している

重要：以下にリストアップされた行動は順不同です。例えば、「一番目の枠の一番上に書かれた行動が、二番目の枠の一番上に書かれた感情と対応していなくてもかまわない」ということです。この最初のマップでは、項目のいくつかに○をつけて、マップ上のストーリー展開がわかるようになっています。

求められている行動 社会的状況で自分は何を**する**か	自分の行動に対して、周りの人がどう**感じる**か	その感情に基づいて、周りの人が自分にどう接するか	周りの人の接し方について、自分はどう**感じる**か
・先生に当てられるのを待ってから答える ・自分以外の人が答える、という状況も受け入れる ・問われている内容に合った答えを言う	・問題ない ・穏やか	・先生は、「このテーマについて、君は多くのことを知っている」と認めてくれたり、覚えてくれたりする ・周りの子たちは、自分のことを物知りだとわかってくれて、一緒にグループ活動をしたいと思ってくれるかもしれない ・教室のみんなが穏やかな表情で授業を受けられる	・問題ない ・リラックス ・いい気分 ・誇らしい

自分が、ある分野について豊富な知識を持っていて、その道のエキスパートだという自信もある、という状態を思い浮かべてください。おそらく、先生や周りの子たちにそのことを知ってもらいたくなると思います。しかし、教室で過ごすときに守らなければならないルールがあります。教室内の他の人も物知りだという場合や、周りの子が自分の話に興味を持ってくれる場合もあれば、退屈する場合もあります。そのようにいろいろな場合がある、ということ自体は決して大きな問題ではありません。なぜなら、教室で学ぶべきことは、他人について考え、隠れたルールを理解することだからです。ボブは、周りの人のことを考える必要があると理解し、確かに周りの子よりも授業内容について詳しく知っていて退屈だったのですが、「自分の知っていることをひけらかす」ことはしないと決めたのです！

対応のヒント

授業を乗っ取ることなく、自分の知っていることをみんなに知ってもらうのがコツ！

ボブのストラテジー・コード

1. ルール探偵（ルールを解き明かせ！）　ボブはこの状況に「明らかなルール」と「隠れたルール」があると知っていました。彼は、先生が問いかけるのを待ち、手を挙げ、当ててもらう必要があるとわかっていたのです。また、答えるとき、どのくらいの内容を一度に話すのが適切かについても、理解していました。多すぎる情報（あるいは、自分の知っているすべて）を伝えるのは、この状況では求められていません。

2. 退屈サバイバー（退屈な時間を耐え抜け！）　ボブにとっては、退屈に感じる場面もあったでしょう。先生が話していることをすでに知っていたから。しかし、彼は自らの精神力によって退屈な時間をしのぎました。詳しくは後ほど説明します。

3. ベストチョイス（最善策を考えよ！）　この場合、ボブは、先生や周りの子に、自分のことを「問題ない」ととらえてもらい、穏やかな気持ちでいてもらうために何をするとよいか考えました。この方法は効果的で、結果として彼は自分自身について「**誇らしい**」と思うことができました。

昼メシ
まだかな
彼、
素敵！
僕のロッカー
どこだっけ？
おや。リンの
髪型、だいぶ
変わったなあ
リン、
髪切った
みたいだな
私の髪型、
みんなに好かれ
といいな
やあ、サム
ハーイ、
元気？
ひどい髪型だな。リンは何考えてこんな
髪にしたんだ？ 好みじゃないけど、
まあリンも気にしているし、
機嫌を損ねちゃまずいしな
髪
切った？
ええ、ちょっと
切り過ぎて、
あんまり気に
入ってないの。
どうかな？
何をするか
リンといるのは
楽しいよ。
髪型も悪く
ないよ
短いのも、
かっこいい
じゃん！
サムって
本当に
いいヤツ
穏やか
周りの人の考え／気持ち
ありがと、サム。
今日はそんなに落ち込まずに
過ごせそう。
お昼行こうよ
周りの人が自分をどう思うか
いいよ
受け入れられた
自分はどう感じるか

ソーシャルフォーチュン②　本当のことしか言わない

社会的状況：あなたの好きな人（仲のいい人）の見た目が変わった

求められている行動 社会的状況で自分は何を**する**か	自分の行動に対して、周りの人がどう**感じる**か	その感情に基づいて、周りの人が自分にどう接するか	周りの人の接し方について、自分はどう**感じる**か
・人を傷つけるような考えが頭に浮かぶ ・相手の気持ちを支えてあげるような発言をする ・リラックスした、あるいは親しみやすい表情を浮かべる →	・穏やか ・支えてもらえた →	・自分への感謝を伝えてくれるかもしれない ・自分ともっと一緒に過ごしたいと思ってくれるかもしれない →	・受け入れられた ・幸せ

対応のヒント
どの考えを頭の中だけに留めておくべきか、理解しよう

さて、あなたはこれまでいつも、「自分の意見は正直に言おう」と言われてきたかもしれません。それは確かに多くの状況で、あるいは真実が人を傷つけない状況では、正しいことです。しかし、今回の状況ではどうでしょう？　サムは、友だちのリンの新しい髪型について、思うところがありました。その考えをはっきりと口にする必要はあるでしょうか？　サムには素早く判断を下す必要がありました。彼は、自分が彼女の髪型を良いと思うかどうかは大した問題ではないと判断しました。サムにとって大事なことは、「彼女と一緒にいること」だからです。この例はかなりややこしいものですが、こういうことはいつでも、誰に対しても起こり得ます。「大事に思う人を傷つけることになるとしても、自分の考えを言う」ということが、どんなときでも優先されるべきなのかどうか、先生や親御さんに聞いてみてもいいでしょう。これはおそらく、対人場面での隠れたルールの中でも最も難しいタイプのルールなので、ときどきこのことについて信頼できる大人と話してみるとよいかと思います。

サムのストラテジー・コード

1. **ルール探偵**（ルールを解き明かせ！）「自分の考えをはっきりと伝えることがいつも正しいとは限らない（特に人の外見についての考えは）」という隠れたルールを、サムは知っていました。自分のすべきことを選択したときの彼は、まさしく**ソーシャルシンカー**になれていました。なぜなら彼は自分の発言を決めるとき、リンの考えと気持ちについて想像したからです。

2. **キャッチ・フィルター**（フィルターで他人に言ってはいけない言葉をキャッチせよ！）　これは人類に知られている最も強力なストラテジー・コードのひとつです。人の頭の中には、コーヒーフィルターや水切りカゴや、しっかり編まれた漁網のようなフィルターがある、と考えてみてください。このフィルターは、「頭の中で考えてはいるけれど、口にしないほうがいい場合もある」というものごとをキャッチしてくれます。「このフィルターにかけ、口にはしないでおかなければならない考え」を、世界中の誰もが持っている、ということを知っておきましょう。このフィルターを使いこなすにはたくさんの練習が必要です。多くの大人もいまだに、自分のフィルターをいつもうまく働く状態にしておけるよう、頑張っています。

3. **ベストチョイス**（最善策を考えよ！）　サムは、リンが嫌な気持ちにならないよう、そして穏やかな気分でいられるように、慎重に選択をしました。実際に思ったことは言わないようにしたのです。なぜなら、彼はリンの髪型自体は好きでない一方、リンのことは好きだからです。彼は、誠実でありつつ人を傷つけない発言をすることができました。最終的に彼は、リンに対して「受け入れてもらえた」という気持ちを抱くことができました。

Qという
文字が最初に
用いられた
のは……
Qって
すごい！
誰が
こんな話に
興味持つ
んだよ？
もう寝て
しまいたい。
こんな授業
つまんないって
わかってくれよ
昼メシ
まだかな
つまん
ない
数年後、
Qという
文字は……
まあ、
興味ある
フリしておいた
ほうがいいよな
この
クラスの
生徒は本当に
いい子たちね
何をするか
穏やか／いい気分
みんな
しっかりこっちを
見て考えてる……
いい子たち！
周りの人の考え／気持ち
よし、
先生が僕に目を
つけることは
まずない
平常心
周りの人が自分をどう思うか
自分はどう感じるか

ソーシャルフォーチュン③　ものすごく退屈

社会的状況：授業に参加しているが、内容がつまらない

求められている行動 社会的状況で自分は何を**する**か	自分の行動に対して、周りの人がどう**感じる**か	その感情に基づいて、周りの人が自分にどう接するか	周りの人の接し方について、自分はどう**感じる**か
・ソーシャルフェイクを行う ・自分が退屈していることを周囲に気づかれないようにする →	・穏やか ・いい気分 →	・先生が、自分は授業に集中していると思ってくれるかもしれない →	・平常心 ・穏やか

対応のヒント
退屈してる？それなら、ソーシャルフェイクを使いましょう！

学校にいるときや、いろいろな人たち・親御さんなどと一緒にいるとき、とにかくつまらないと感じてしまう場面は確かにあります。その退屈な時間にどう対処するかが重要なのです。ボブは、「**ソーシャルフェイク**」と呼ばれる方法を使いました（⇒ボブのストラテジー・コード）。これは、姿勢を正し、目をしっかり開けて集団の中にいる（そのようなことが重視される場合に）もので、多くの人が使うストラテジーです。今回の場合は、ボブは授業を退屈に感じ、少しの間、机に突っ伏して寝てしまいたいと考えました。彼は小さい頃、どんなときも「しっかりと注意を向けること」が大事だと教わってきました。現在彼は成長し、ソーシャルフェイクを使うときがきたのです。ボブは、先生が話している事柄について考えることもできますが、注意を適当にそらしつつ、そのことを先生に気づかれたり「怠けている」と思われたりはせずにうまくやり過ごす、ということも可能なのです。

ボブのストラテジー・コード

1. ソーシャルフェイク（嘘も方便。興味のあるふりをしよう！） 言い伝えによると、人類は何世紀もの間、ソーシャルフェイクを使ってきました。この極めて重要なストラテジーについては、言葉で説明するのが難しい場合もあります。今回に関しては、視線や姿勢によりしっかり意識を向けていると装うことで退屈な時間をやり過ごす、という単純な方法を使っています。実際には、ほんの少しの間、注意がそれて、その後、相手に「注意を戻す」、というやり方をしているかもしれません。そうすれば、すごく退屈そうにしているとは思われないし、相手は自分のことを「集団の中にしっかり参加できている」と見なしてくれます。

2. キャッチ・フィルター（フィルターで他人に言ってはいけない言葉をキャッチせよ！） ボブは、「本当に退屈だ」という自分の考えを、頭の中のフィルターでキャッチすることができました。頭の中にある考えは、必ずしも口にしなくてよいのです。フィルターにかけ、口に出す前に止めなければならない考えを、世界中の誰もが持っている、ということを知っておく必要があります。それは、人が人間らしくあるために必要な意識のひとつです。フィルターを使いこなすには多くの練習が必要となります。

3. ベストチョイス（最善策を考えよ！） ボブには様々な選択肢がありました。机に突っ伏してしまう、リュックから本を取り出して読む、鉛筆で遊ぶ、あるいは教室を出ていくなど。しかし、彼はそのいずれもしませんでした。そのかわり、いろいろな選択肢について考えた上で、**ソーシャルフェイク**を使うことに決めたのです。よい選択をしましたね。

オプション： このまま読み進めてもいいですし、あるいは、本をひっくり返してフェイト編を読んでみて、ボブが別の選択をしたときに何が起こるかを見てみてもよいでしょう。

5 時半には
ゲームがしたい。
残りの 4 問、
終わらせないと
宿題の調子は
どう？
今日の
宿題多すぎ！
終わんない！
最後の 4 問、
わかんないし！
こんなの無理よ！
頑張りなさいな。
もう 20 問解いた
んだし、残りは
たったの 4 問
でしょう？
できるわよ。
あきらめないで
お母さんの
言うとおりだ。
あとちょっと
なんだ
こんな問題、
レベル 3
くらいだし
わかっ
たわ
何をするか
よくやっているわ。
前は問題が
解けないと
わめいていたのに
誇らしい
周りの人の考え／気持ち
がんばって。
応援してるわ！
周りの人が自分をどう思うか
やったわ。
お母さんの
お小言がなかった
穏やか
自分はどう感じるか

ソーシャルフォーチュン④　もうおしまいだ！（ほんとに？）

社会的状況：宿題が終わらない

求められている行動 社会的状況で自分は何を**する**か	自分の行動に対して、周りの人がどう**感じる**か	その感情に基づいて、周りの人が自分にどう接するか	周りの人の接し方について、自分はどう**感じる**か
・問題の大きさを考える	・誇らしい	・自分を励ましてくれる	・穏やか
・深呼吸して気持ちを落ち着ける →	・安心 →	・自分を一人にしておいてくれる →	・誇らしい

宿題、雑用、その他いろいろ、すべきことがいっぱいの毎日を乗り切るには、自分が向き合っている問題の大きさを知り、それに合わせた反応の仕方を理解する必要があります。リンは、問題の実際の大きさ（レベル10のうちの３）をまず**考え**、ひかえめに反応することで乗り切りました。これにより自分が望むとおりの結果になったわけですから、彼女はうまいやり方ができていたといえるでしょう。このような状況に対処するために、私たちは「**問題解決メーター**」を使うことも多いです（⇒フォーチュン編 p.22。問題の大きさについては、フェイト編にこれと同じ社会的状況が登場するので、その中でより詳しく見ていきましょう）。

対応のヒント
問題の大きさより小さめの反応をしよう

リンのストラテジー・コード

1. リアクション・セーブ（リアクションは控えめにせよ！）　当たり前の話かと思いますが、人が何らかの問題に対して反応するとき、その反応の大きさは問題の大きさに合ったものであるべきです。そのためのコツとして、反応を「小さめ」にしようと意識することが重要です。「自動運転型」の人にとっては、これは難しくて時間のかかることかもしれませんが、決して不可能なことではありません！　リンは、自分が向き合っている問題の大きさを、頭の中に問題解決メーターを描きながら考えて、それを使って現在の問題の大きさを判断しました。大きさが３だと思えたことで、彼女は、自分の反応の大きさは３を下回るべきだと判断できました。これは大事な判断です。なぜなら、問題の大きさと同じくらいか、それ以上に大きな反応をすると、周りの人を不快にさせてしまうからです。この技術を習得するには練習が必要ですが、どんな人も習得しておいたほうが望ましいです。親御さんや先生方も例外ではありません。

2. ベストチョイス（最善策を考えよ！）　リンは、ソーシャルシンカーならどうするかを考えました。彼女は自分が何を選択するかについて、少し時間を取って考えたのです。その選択が、お母さんの考えや感情に強い影響を与えるとわかっていたためです。そして今回は、お母さんはリンの反応の仕方に対してとてもいい印象を持ちましたし、それによりリンも誇らしさを感じました。こうして、事態はうまく運んでいきました。最終的にお母さんはリンを励まし、リンは**穏やか**な気持ちを感じることができています。とてもいい流れになっていますね！

オプション：本をひっくり返してフェイト編を読んでみて、リンが別の選択をしたときに何が起こるかを見てみましょう。フォーチュン編とフェイト編、あなたならどちらの道を選びますか？

お、ボブだ
周りのやつら、誰だろ
なんて声かけたらいいだろ……ちょっと考えてみるか
ジャオ先生のテストが終わったところなんだよ
やあ、サム
ひどい出来だったよ
どうしたの？
ふーん、授業は受けたことないけど、その先生については聞いたことがあるぞ
何をするか
ジャオ先生のテストは難しいらしいね。授業は受けたことないけど
いいやつらじゃん
サム、アニメのシャツ着てるな
うん、難しかったよ
平常心
僕、好き！
ねえ、アニメ好き？
周りの人の考え／気持ち
かっこいい
ねえ、そのシャツに描いてあるの、キロ？
いや、アシだよ。キロとほとんど同じ見た目だけど
周りの人が自分をどう思うか
いい気分
自分はどう感じるか

ソーシャルフォーチュン⑤　どうやって話の輪に入る？

社会的状況：周りの人に何を言うべきかを判断する

求められている行動 社会的状況で自分は何を**する**か	自分の行動に対して、周りの人がどう**感じる**か	その感情に基づいて、周りの人が自分にどう接するか	周りの人の接し方について、自分はどう**感じる**か
・近くにいる人のことについて正確に推測するため、よく見聞きし、また自分の記憶も手がかりにして考える ・集団に視線を向けて、その中に入っていく ・彼らの発言や質問に受け答えしていく →	・平常心 ・穏やか ・リラックス →	・自分に質問をしてくれるかもしれない ・自分がグループの中に入っていると見なし、視線を向けてくれるかもしれない ・自分が話しているとき、自分に注意を向けてくれるかもしれない →	・いい気分 ・問題ない ・受け入れられた

対応のヒント

賢い推理をしよう！

人と関わるとき、何を言うかを判断するのは難しい場合もありますよね。多くの人が、生涯にわたってこの課題に取り組むのですが、これをやりやすくするためのストラテジーを紹介します。自分のことを、特殊な調査グッズ（目、耳、頭）を使って「賢い推理」を行う「ソーシャル探偵」だと考えてみましょう。上のマップで、サムは、周りの子たちの話を聞き、「彼らの先生についてなら、自分がその授業を受けていなくとも話せる」と気づきました。自分も話に入っていきたいということを示すため、サムが集団のほうへ寄っていった（相手との間の距離が、腕の長さ程度になるようにした）、というのも重要ポイントです。家族と、この距離の取り方の練習をしてもいいかもしれません。相手のことを考え、何が起こっているのかをよく見て、何の話かを聞いて、近づいて、見聞きした事柄に基づき、自分が何を言うべきか、尋ねるべきかを正確に推測しましょう。

おまけのアドバイス：話の内容が経験したことのない事柄に関するものでも、話に入って発言してかまいません。サムは、話されていた内容に関連した発言をして、うまくいきました。

サムのストラテジー・コード

1. 賢い推理（目・耳・頭で推理せよ！）　サムが使ったストラテジーは、「賢い推理」です。**ソーシャルシンカー**は、グループの中に入って話しかけるとき、あるいは一人の人に話しかけるときでさえも、常にこれを使います。ここでは、このストラテジーがサムにとってどう役立ったかを述べます。彼は、知り合いを見て、何と言って入っていけばいいのかと悩みました。しかし、話の内容に注意を向けて、それに関連した発言をしたのです。サムが、「その人たちに興味を持っていること」を態度で示すと、今度は相手が目、耳、頭を使って、サムはアニメに関心があると推測をしました。

2. ベストチョイス（最善策を考えよ！）　サムは、「何と言って話に入っていけばいいかわからないな」と思ったとき、その場から去ることもできたのですが、そうはせず、かわりに、「自分は入っていける」と判断しました。彼はボブとは顔見知りだったので、近づいていきます。そして、みんなに悪くない印象を与え、穏やかな気持ちでいてもらうために、声かけからやりとりを始めました。最終的にサムは、この選択をしてとてもよかったと感じました。

3. ルール探偵（ルールを解き明かせ！）　この状況での隠れたルールは、集団から離れるとそこにいる人が「何で去ったのだろう？」と困惑してしまう、というもので、「あの人は自分たちを好きじゃない」とか「自分たちを見下しているな」といったことを考えるかもしれません。そうなると、サム自身は楽かもしれませんが、周りの人は嫌な思いをすることになります。

???
???
???
???
はぁ？
あ、リアンもわかってないな
うーん、僕もわからない
次に当てられるのは私……私もわからないわ
まったくわからない
ここは落ち着いて、ちょっと教えてもらえばいいだけだ
何をするか
はい、ボブ
先生、ちょっと教えてもらってもいいですか
安心
周りの人の考え／気持ち
ねえ、先生が言ってることわかる？教えてもらってもいい？
いいよ
穏やか／誇らしい
周りの人が自分をどう思うか
自分はどう感じるか

ソーシャルフォーチュン⑥　はぁ？　わかんない

社会的状況：授業中、助けを求める

求められている行動 社会的状況で自分は何を**する**か	自分の行動に対して、周りの人がどう**感じる**か	その感情に基づいて、周りの人が自分にどう接するか	周りの人の接し方について、自分はどう**感じる**か
・困っているから助けが必要だ、ということに気づく ・手を挙げる（呼ばれるまで待つ） ・助けを求める（あるいは、より多くの情報を求める）	・安心	・自分に助けを求めるかもしれない ・自分も、その相手から助けを得られるかもしれない	・穏やか ・誇らしい ・リラックス

対応のヒント
時には、人から助けてもらうことが必要！

「助けを求める」ということは、とても大それたことのように感じられるかもしれませんが、実はそれほど大げさなものではありません。多くの人が、自分がどのように行動すべきかを自分だけで判断したいと思いますが、人間は「すべて自力で」することができないものなのです。**誰もが**、場合によっては周りの人に助けを求めなければならなくなります。実際、自分一人ですべてのことを**理解できるはずがありません！**　自分のすべきことがわからないという状況では、いらだちを感じやすいものですが、自分がそのように助けを必要としているときは周りの人も同じように助けを必要としている場合が多いものです。ボブは、自分が助けを必要としていることがわかったので、実際に助けを求めたわけです。

ボブのストラテジー・コード

1. セルフコーチ（自分自身のコーチであれ！）　これは、ほぼすべての人にとって重要なストラテジーです。「セルフコーチ」というのは、自分の頭の中で自分を励ます小さな声のことです。「頑張り続けようぜ」とか「落ち着いていこうぜ」とか、他にも自分を支えてくれるいろいろな言葉をかけてくれます。そのように「頑張れ」というメッセージを自分の頭に送っているのは、他ならぬ自分自身、あなた自身の声です！　ボブは、「落ち着くんだ、ちょっとサポートが必要なだけだ。でも、だとしたら自分から人に助けを求めなきゃいけないぞ」と考えることで、セルフコーチを活かしたわけです。

2. ルール探偵（ルールを解き明かせ！）　ボブはこの社会的状況の中で、非常に冴えていました。この数学の授業に存在する「明らかなルール」は、「何をすべきかわからなければ、先生に助けを求めていい」というものであることを、ボブは理解していたわけです。授業によっては、先生に質問する前に同級生に質問すべき、という隠れたルールがある場合もありますが、ボブはすでにこの授業でのルールを理解していました。その他の明らかなルール（場合によっては、隠れたルール）は、「質問をする前に、手を挙げて先生のほうを見て、先生に呼ばれるのを待たなければいけない」というものです。彼の判断は非常に正しかったと言えます。なぜなら、彼が質問をしたことで、周りの多くの子たちも彼と同様に助けを求めているということがわかったからです。

3. ベストチョイス（最善策を考えよ！）　ボブは「わからないよ！」と叫ぶこともできたのですが、それをすると周りの生徒や先生がどういうリアクションを取るかを考えました。彼は**ソーシャルシンカー**であり、適切な選択をして、周りの人たちが落ち着いて穏やかでいられるようにしたのです。

オプション：フェイト編でボブが「自動運転型」になってしまったときに何が起こるか、見てみてください。

よし、リン、うっかりしゃべらないようにするのよ！
では、オンラインでの授業課題について話していこう
注意よ……うっかりしゃべらないように！
うーん、ところでお昼ごはん何だろう？
あ、先生が私のほう見てる。答えたほうがよさそうね
さて、何かわかったかな？
おっと！ちょっと注意がそれちゃってた。先生は今アメリアを見ているから、私の番じゃないわ
何をするか
よし、リンは黙っていられた
やっと答えられる
穏やか
周りの人の考え／気持ち
リン、次は君が答えてくれる？
やったわ！私、うっかりしゃべらなかった！
誇らしい
周りの人が自分をどう思うか
自分はどう感じるか

ソーシャルフォーチュン⑦　私に話しかけてる？

社会的状況：授業中、問題の答えがわかっている

求められている行動 社会的状況で自分は何を**する**か	自分の行動に対して、周りの人がどう**感じる**か	その感情に基づいて、周りの人が自分にどう接するか	周りの人の接し方について、自分はどう**感じる**か
・集中し続けようと意識する ・先生が誰に対して話しかけているかを、よく見て理解する ・自分が答える番になるまでは、考えていることを言わない	・穏やか ・安心	・次は自分を当ててくれるかもしれない ・微笑む ・文句を言ってはこない	・誇らしい ・安心 ・穏やか

対応のヒント
自分が目立ってもいいタイミングはいつなのかを知ろう！

あなたが小さい頃は、学校の先生があなたに問題の答えを言ってもらおうとするときに、あなたの名前を呼んだかと思います。しかし年齢が上がるにつれて、「自分の知っていることを話してもいいタイミング」は、先生の目線による合図で示されるようになります。自分の話すタイミングを察知するためのアイコンタクトを忘れていたり、しなかったりすると、自分の話す番ではないのに、他の人の言葉を遮るようにして、うっかりしゃべってしまうかもしれません。このストーリーでは、リンは少しの間、先生のほうを見るのをやめて、授業とは関係のないことを考えてしまいました。しかしリンは、かつてうっかりとしゃべってしまったことがあるのを覚えていましたし、先生が答えを言ってもらおうとしている相手は誰なのかをよく見て理解しなければならないこともわかっていました。彼女がうっかり答えを言ってしまわなかったことで、周りの人たちはいい気分でいられましたし、彼女に対して感じよく接してくれました。

リンのストラテジー・コード

1. うっかり発言禁止ゾーン（ここでは口を慎むベし！） 誰もが時にはうっかりとしゃべってしまうことがあるものです。ただ、教室ではそれをしないよういつも注意しておく必要があります。リンは、教室は「うっかりしゃべってはいけないゾーン」であるという知識を、セルフコーチ作戦（ストラテジー）と結びつけました（⇒２．セルフコーチ）。うっかりしゃべるのを防ぐためには、相手が誰に対して話しかけているのか、それが自分なのかどうかを判断するため、注意深く周りを見てみることが必要です。

2. セルフコーチ（自分自身のコーチであれ！） セルフコーチについては、ソーシャルフォーチュン⑥の「授業中、助けを求める」状況のマップで詳しく説明しています。興味があれば、そちらを読み返してみるといいでしょう。このストーリーでは、リンは自らのセルフコーチ（自らを励ます、自分自身の声）を活かして、「今話している人に集中すべきだ」と自分に言い聞かせ、そのことを意識し続けようとしました。少しだけ集中が途切れる瞬間もありましたが、その後リンは再びセルフコーチを活用し、「先生がこちらを見て自分のことを意識するまでは、待たなければいけない」と自分に言い聞かせました。

3. ベストチョイス（最善策を考えよ！） リンは、自分がうっかり答えを言いがちなことに少し困っていました。何しろ彼女は、たいていいつも答えがわかってしまうのです。ただ、リンがうっかり答えてしまうと、周りの子たちは、自分の知識を披露する機会が奪われてしまいます。このストーリーでは、リンは「うっかりしゃべらないこと」「周りのみんなの気持ちが穏やかでいられるようにふるまうこと」を意識していました。彼女は最終的に大成功したといえるでしょう。なぜなら、自分の行動を振り返って正しい選択をしたことに、彼女は誇らしさを感じることができたからです。

クラス・プロジェクト
さっさと終わらせましょう
いいね
じゃあ最初は先生のものを使えばいいかな
いや、私のも使えるよ
そのほうが早くできそうだし、いいんじゃない
僕のやり方が正しいと思うんだけどな
融通をきかせなさいよ
大した問題じゃないじゃん
僕は正しい！
何をするか
僕はグループの一員なんだから、柔軟に考えないとな
こんなのは大きな問題じゃないし
うん、わかった。それでやってみようか
よかった！
いいね やっ みよ
安心
周りの人の考え／気持ち
よし、僕たちのグループ、いい感じ！
OK、サム。パートＡとＢのどっちから始めたい？
周りの人が自分をどう思うか
自分のやり方じゃないけど、いいや
S
どっちから始めるのもアリだと思う
問題ない
自分はどう感じるか

ソーシャルフォーチュン⑧　「自分流」で暴走してない？

社会的状況：少人数でのグループ活動をしている

求められている行動 社会的状況で自分は何を**する**か	自分の行動に対して、周りの人がどう**感じる**か	その感情に基づいて、周りの人が自分にどう接するか	周りの人の接し方について、自分はどう**感じる**か
・グループの一員として、活動内容について考える ・柔軟な姿勢で、グループのみんながしていることをするのだ、と自分に言い聞かせる ・問題の大きさについて考える。そして、もしそれがあまり大きくないなら……放っておく！	・安心 ・問題ない ・穏やか	・自分とまた一緒に活動したい、と思ってくれるかもしれない ・計画のうちのどの部分を自分がやるか、選ばせてくれるかもしれない ・親しげな表情を浮かべてくれる ・親しげな言葉をかけてくれる	・問題ない ・穏やか

対応のヒント
フレキシブルシンカーになれるよう頑張ろう

「自分の考えこそが、おそらく一番正しい」と感じる場合は珍しくありませんし、実際に自分の考えが一番正しい場合もあるでしょう。しかし、いつもそうであるとは限りません。グループでの活動をするときは必ず、自分の考えを柔軟に変えていけるようにする必要があります。ところで、グループでの活動を避け続けることは、誰にとっても不可能です。グループ活動は、学校やアルバイトなどの場面で、誰もが必ずやらなくてはいけないものです。もしグループ内の誰かが、何事も自分流のやり方でこなそうとし、そのせいで**行き詰まって**いるなら、その人は「リジッドシンカー（頭の固い人)」と言えるでしょう。リジッドシンカーは、他の人のやり方を参考にすることをとても苦手とします。サムはかなり頑固なリジッドシンカーで、実はグループ活動を嫌っています。彼は、自分の考えが最も良さそうだと思いました。しかし彼は、**ソーシャルシンカー**としての選択をする練習もしています。課題を終わらせるためには「フレキシブルシンカー（頭の柔らかい人)」にならなければ、つまり柔軟にものごとを考えられるようにならなければいけないということを、彼は理解できたのです。それは決して簡単なことではなく、サムは自分自身に「こんなのは大きな問題じゃない」「今なら僕は柔軟に対応できる」と言い聞かせる必要がありました。彼がグループ全体の考えに合わせられたことで、周りのみんなは、彼と一緒に活動することをより心地よく感じてくれました。最後にはサムもいい気分でいることができました。

サムのストラテジー・コード

1. **柔らか頭**（**フレキシブルシンキング、つまり柔軟に考えよう！**）　あらゆる子どもたちにとって助けとなるストラテジー・コードをひとつ選ぶとしたら、この作戦でしょうね。社会的状況をうまくやり過ごしていく上で、フレキシブルシンカーになろうとすることはとても重要です。それを簡単なことだと言っているわけではありませんし、練習が必要です。ただ、「フレキシブルシンキング（柔軟に考えること)」とは要するに、「問題を解決する方法は**ひとつだけではない**、と気づく努力をすること」に過ぎません。

2. **リアクション・セーブ**（**リアクションは控えめにせよ！**）　このストラテジーについては、リンが宿題を頑張っている状況で学びましたね。今、サムがグループ活動の中で同じストラテジーを使っているのです。彼は、「他の人の考えに合わせることは、大きな問題ではない」と自分に言い聞かせる必要がありました。

3. **ベストチョイス**（**最善策を考えよ！**）　サムは、グループの課題を終わらせる上で「フレキシブルシンカーになる」という選択をすることが非常に重要だ、とわかっていました。この選択によりグループ活動が速やかに終わり、最終的にみんないい気分でいることができました。

あ、知ってる
やつらだ
やあ、リン、
アリシア
僕ももう小さい
子どもじゃないし、
友だちと出かけたり
したほうが
いいんだろうな
でも、このカバンに
入ってるミニチュアで
早く遊びたいん
だよなあ
うーん……
一人で遊んでばかり
いてもなあ。もう小さい
子どもじゃないし、
社会的ルールも
変わっていくし
まあいいや、
リンのことは
知ってるし
何をするか
やあ
どう
したの？
いいやつ
今、食堂の
「うま丼」とかいう
メニューについて
話してたの
何それ？
そんなの
食べたこと
あるの？
リラックス
周りの人の考え／気持ち
周りの人が自分をどう思うか
受け入れられた／いい気分
自分はどう感じるか

ソーシャルフォーチュン⑨　ルールを変えたのは誰？

社会的状況：休み時間

求められている行動

社会的状況で自分は何を**する**か	自分の行動に対して、周りの人がどう**感じる**か	その感情に基づいて、周りの人が自分にどう接するか	周りの人の接し方について、自分はどう**感じる**か
・この状況で求められていることは何かを考える ・意識を集中してセルフコーチに努める ・よく見て、体を向けて、話をして、仲間の輪に入る →	・リラックス ・問題ない ・穏やか →	・一緒にいてくれるかもしれない ・会話に加わらせてもらえるかもしれない ・親しげにしてくれるかもしれない →	・受け入れられた ・いい気分

対応のヒント
ルールは変わる！なら、あなたも変わらなきゃ！

私たちにはどうにもできないこと――それは、年齢とともに社会的ルールも変わっていくことです。例えば、ボブがまだ小さい頃は、休み時間に自分のオモチャで遊ぶことは何の問題もありませんでした。けれども彼が成長した今、ルールは違っているのです。これは、家で遊ぶこともできないという意味ではありません。そうではなく、ボブには休み時間に他のみんながしていることをよく見て頭で理解し、仲間に加わることが**求められている**のだ、ということです。今回の状況では、ボブは自分がすべきことを一生懸命考え、リンに「やあ」と声をかけるよう自分自身を励ましました。ボブは本当は自分の好きなことをしたかったのですが、他の子たちの輪に入れるよう最善を尽くす選択をしたのです。あっ……ちなみに、ボブは学校から帰宅すると、自分のオモチャで遊びました。よい選択ですね！

ボブのストラテジー・コード

1. 年齢相応ルール（年齢とともにルールは変わる！）　これは当たり前のことですね。小さい頃には許されていたことでも、成長した今では許されないのだということを、ボブは思い出しました。でも幸いなことに、学校や人前で求められていること、あるいは求められていないことについてのルールは変わっても、家で一人の時間を過ごすときには話は別です。自宅では、ボブは相変わらずぬいぐるみで遊んでもよいのです。年齢相応ルールは隠れたルール（暗黙のルール）でもあります。

2. ルール探偵（ルールを解き明かせ！）　これは「**年齢相応ルール**」を理解するうえで大変重要な要素です。実際、ここでのボブは、学校の休み時間にオモチャで遊ぶことは同級生からは好ましく思われない、という隠れたルールを理解しました。それにより、周りの人の気分を損ねず、穏やかに保つことができたのです。

3. セルフコーチ（自分自身のコーチであれ！）「**セルフコーチ**」はすでにいくつかのマップで説明済みですが、ここでのボブは、セルフコーチを活用して、彼の年齢で求められていることのルールは変わったのだと自分に言い聞かせました。ボブはまた、自分はリンと知り合いなので、その集団に加わっても問題ないと、自分をセルフコーチしました。私たちと同じように、ボブも他の人たちから受け入れられるのは気分がいいことを知っていました。そして、ボブは自分がどうすればそうなるのかを理解していました。彼は、同級生がしていることに意識を集中させる選択をしました。それにより、ボブは集団に受け入れられたのです。

オプション：ソーシャルフェイトへの道をたどるボブは、同じようにうまくはいきませんでした。本をひっくり返してフェイト編を見てみますか？　このままフォーチュン編を読み続けてもいいですよ。

彼、素敵だわ
超お腹すいた
昼食に固ゆで卵って、サイコー
卵食べてるの？
そうだけど、何？
卵って吐きそうになるんだよな
放し飼いの鶏の卵はまだマシだけど
まあこういう考えは言わないほうがいいよな
何でもないよ
何をするか
卵を食べることの何がそんなに問題なの？
ま、どうでもいいけど
うんざり
問題ない
周りの人の考え／気持ち
何か気になることでもあるの？
周りの人が自分をどう思うか
いや、大丈夫だよ
何か他のことを話したほうがよさそうだな
安心
自分はどう感じるか

ソーシャルフォーチュン⑩　そこは方向転換じゃない？
社会的状況：アイデアや意見を共有する

求められている行動 社会的状況で自分は何を**する**か	自分の行動に対して、周りの人がどう**感じる**か	その感情に基づいて、周りの人が自分にどう接するか	周りの人の接し方について、自分はどう**感じる**か
・この状況で求められていることは何かを考える ・周りの人を傷つけるようなことを言ってしまったと気づいたら、話すのをやめて話題を変える！ ・周りの人が話したがっている内容に合わせた発言をする。あるいは何も言わないでおく →	・問題ない（ただし少しの間はイライラする） ・穏やか ・明るく、大らかな心持ち →	・あなたの発言によって少しの間はイライラするものの、その後も話を続けてくれるかもしれない ・引き続きあなたを仲間に入れさせてくれるかもしれない ・単に放っておかれるかもしれない →	・安心 ・問題ない ・平常心

対応のヒント
考えてみよう……このゴタゴタからどう抜け出す？

私たちの誰もが何らかの意見を持ち、意見の中には「感情に基づくもの」（「これは匂いがキツいから嫌い」など）も「事実に基づくもの」（「医学的には、塩分は取りすぎないほうがいい」など）もあります。今回の状況では、サムは明らかに、同級生が食べているものに対して思うところがありました。しかし彼は少し考える時間を取り、相手は自分と意見を交わそうとはしないだろうと判断しました。そこでサムは賢明にも、自分が卵を嫌っていることについては話すのを避け、他のことに話題を移すべきだと考えました。もしサムが引き続き卵に関する自分の意見を押しつけようとしたら、同級生は仲間と一緒になって、サムをとても不快な気持ちにさせたかもしれません。複数の人間が誰かの行動によって嫌な気分にさせられたら、彼らは一緒になってその人を責めてくるかもしれないのです。責められた人は自分の失敗のせいでひどく不快な気持ちになってしまうわけです。

サムのストラテジー・コード

1. 賢者の方向転換（険悪になったら話題を変えるべし！） 社会的状況によっては、その状況から立ち去る・遠回りする・別の道を探すといった方法を取ったほうがよい場合があります。たとえるなら、自転車に乗っていたら行き先をはばむ何かに直面した、というような状況です。そんなときは回り道をする必要があります。サムも同じく、「同級生に口うるさく指示する」という、ひどくデコボコした道を進もうとし、ふいに「事故を避けるには今すぐ方向転換をしなければならない」と気づいたのです。サムは、ソーシャルフォーチュンへの道に留まるため、このストラテジーに「**キャッチ・フィルター**」と「**セルフコーチ**」も組み合わせることができました。

2. キャッチ・フィルター（フィルターで他人に言ってはいけない言葉をキャッチせよ！） サムは、「普通の卵はおいしくないし、僕からすれば食べていいのは放し飼いの鶏の卵だけだ」という自分の考えを、頭の中のフィルターでキャッチしました。その考えはあくまでサム個人の意見に過ぎず、他の人とわざわざトラブルを起こす必要などないのですから、このフィルターを使ったのは賢い判断といえます。

3. セルフコーチ（自分自身のコーチであれ！） サムはセルフコーチによって「キャッチ・フィルター」を意識した上で、「放っておく」という決断をしました。この場合、何か他のことについて話すという対処もできたわけですが、彼は「何も言わない」という対処をすることに決めました。そうやって「放っておけばいいんだ」とちょっと自分に言い聞かせるだけで、問題を避けるには十分だったのです。

4. 彼は「**ルール探偵**」と「**年齢相応ルール**」も活用しました！

問題解決メーター

問題の大きさ

大きな問題（8–10）

中くらいの問題（4–7）

小さな問題（1–3）

問題なし（0）

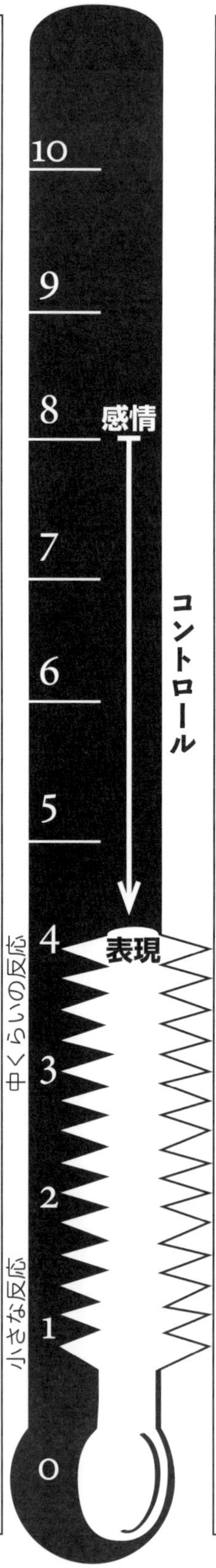

中くらいの問題・小さな問題に対する気持ちと、ひかえめに抑えた反応

中くらいの問題に対する
気持ちと反応（2–4）

小さな問題に対する
気持ちと反応（0–1）

問題なし（0）

感情表現コントロール